JN075057

見てすぐわかる！

たっぷり！

保育の

手あそび・歌あそび

本書の特徴

◆**見やすいイラスト**

　本書掲載のほとんどの楽曲は、楽譜の上（曲によっては下）の該当箇所にイラストが掲載されていますので、見てすぐにあそびの内容が理解でき、実践できるようになっています。細かい部分や、1番・2番などで動きが違う場合は、まとめて掲載してあります。

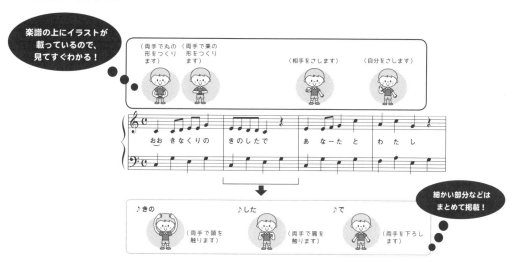

◆**簡単なアレンジの伴奏譜**

　伴奏譜は簡単で弾きやすく、かつ楽曲の良さを引き立てたアレンジになっています。

◆**歌いやすい音域**

　取り上げる楽曲は、子どもたちが無理なく歌える音域の調に設定してあります。

見てすぐわかる！ たっぷり！ 保育の 手あそび・歌あそび

もくじ

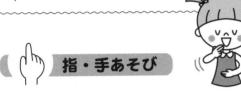

指・手あそび

 **ふたりあそび**

 **身体あそび**

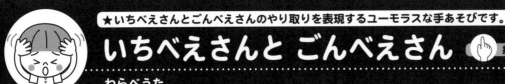

★いちべえさんとごんべえさんのやり取りを表現するユーモラスな手あそびです。

いちべえさんと ごんべえさん

 指・手あそび

わらべうた

（びっくりした顔をします）

（両手の人さし指を
交互に打ちます）

いち べえ さん と　　ごん べえ さん が　　けん か し て　　ハッ

（左手の人さし指を追いかけ
るように、右手の人さし指
を動かします）

（逆の動き）

おっ て け　　にげ て け　　おっ　　て け　　にげ て け

（左手で輪をつくり、上から右手の
人さし指を入れます）

（左手の輪の下から右手の人さし指
を出します）

あ な に も ぐって　　あ た ま だ し たら

（左手をにぎり、右手の
人さし指でたたきます）

（両手で頭をおさえます）

（にぎった両手を下から上げて、
頭の上でこぶをつくります）

ゴ ツン　　アイタタタタタタ　　こ ぶ だ ら　　け

★自分の体をいろいろなものに見立てて、2本の指を使って歌いながら触ります。

とこちゃん

 指・手あそび

作詞／作曲：不詳

1.～5. とこ こ と こちゃ ん さ んぽ して

1番 （右手の人さし指と中指を交互に動かして、左手の甲からひじまで上っていきます）

2番 （1番同様に指を動かして、ひじからのどまで上っていきます）

3番 （1番同様に指を動かして、のどから頭の上まで上っていきます）

4番 （1番同様に指を動かして、頭の上から目の横まで下りていきます）

5番 （1番同様に指を動かして、目の横から左腕まで下りていきます）

| こおおみお | いけいい や ー ち | しけまちち や ー う | ににににに | つはのまか | ずっっっっ ままぼよえ | いたたたた | たよよよ よ | （コケッ）
（ポチャン）
（ふぅ〜）
（ポリポリ）
（ヒューン、バイバーイ！） |

1番 （ひじのところで、コケッとつまずく真似をします）

2番 （のどのところでポチャンと池にはまる真似をします）

3番 （頭の上で、ふぅ〜っと一呼吸する真似をします）

4番 （目の横でポリポリとかく真似をします）

5番 （ヒューンとすべり台を下りるように腕をすべり下り、バイバイをします）

あかちゃん

わらべうた

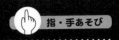

（両手の小指を立てて、２回ふります）

（小指を３回曲げ伸ばしします）

あ　かちゃん　　あ　かちゃん　　な　ぜな　く　の

（両手の薬指を立てて、２回ふります）

（薬指を３回曲げ伸ばしします）

ねえ　さん　　ミ　ル　ク　を　の　んじゃっ　た

（両手の中指を立てて、2回ふります）

（中指を3回曲げ伸ばしします）

にい　　さん　　お　も　ちゃ　を　　とっ　　ちゃっ　　た

（両手の人さし指を立てて、2回ふります）

（人さし指を3回曲げ伸ばしします）

かあ　　さん　　お　で　か　け　か　え　ら　な　い

（両手の親指を立てて、2回ふります）

（親指を3回曲げ伸ばししながら、3回ふります）

そこ　で　とう　さん　　プン　プン　　プン

★1本ずつ指を増やしていきながら、いろいろな食べものをイメージして表現します。

いちご にんじん みかん

指・手あそび

作詞／作曲：不詳

（指を止めます）　（※と同じ）

1番

（※両手の人さし指を前に出して、リズムに
合わせてゆらします）

2/4

1. い	ご	い	ご	い	が	ひ	つ	い	ご
2. に	じん	に	じん	に	が	い	っ	に	じん
3. み	かん	み	かん	み	が	ひ	と	み	かん
4. よ	か	よ	か	よ	が	い	と	よ	か
5. ご	ちん		ちん		が	ひ	っ		ちん
	ん	ん	ん	ん	が	い	ぱい	ん	ん

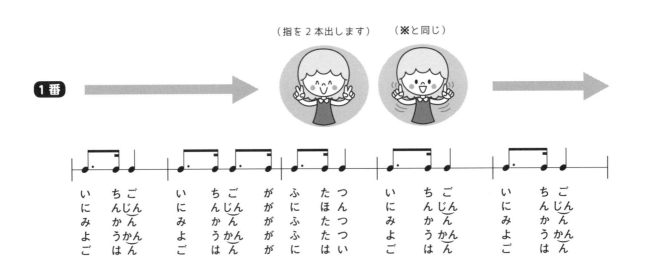

（指を2本出します）　（※と同じ）

1番

い	ご	い	ご	が	つ	い	ご	い	ご
に	じん	に	じん	が	ん	に	じん	に	じん
み	かん	み	かん	が	つ	み	かん	み	かん
よ	か	よ	か	が	つい	よ	か	よ	か
ご	ちん	ご	ちん	が	た	ご	ちん	ご	ちん
	ん		ん	が	ほ		ん		ん
				ふ	た				
				ふ	た				
				に	は				

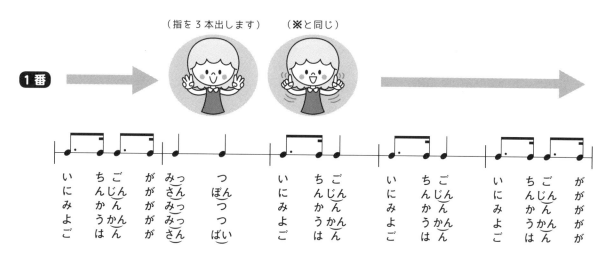

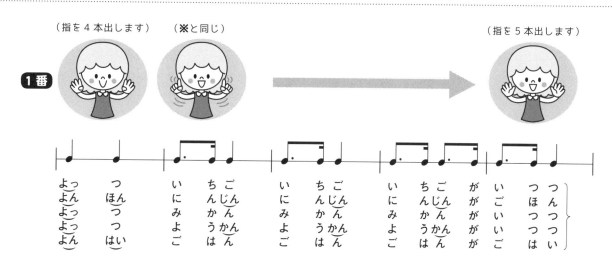

2番 は指を2本、3番 は3本、4番 は4本、5番 は5本にして、※と同じ動作をします。
また、他の動作はすべて 1番 と同じです。

★ 1匹ずつ増えていく野ねずみを、指で表現する手あそびです。

いっぴきの野ねずみ

作詞：不詳／外国曲

指・手あそび

1番 （※❶ 右手の人さし指を立て、細かく左右にふりながら、後ろから出します）

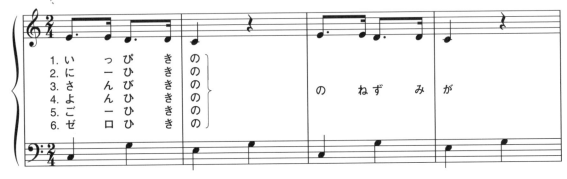

1. い　　っ　　ぴ　　き
2. に　　び　　ひ　　き
3. さ　　ん　　び　　き
4. よ　　ー　　ひ　　き
5. ご　　ー　　ひ　　き
6. ゼ　　ロ　　ひ　　き

の　　の　　の　　の　　の　　の　　の

の　　ねず　　み　　が

6番 （※❷ 右手でゼロの形をつくり、※❶と同じ動きをします）

1番 （左手の人さし指を※❶と同様に出します）

あ　なぐ　ら　に　　　あ　つまっ　て　　チュ

6番  （※❸ 左手でゼロの形をつくり、
※❷と同じ動きをします）

10

1番  （両手の人さし指でバツを
つくり、4回打ち合わせ
ます）

 （指をひらひらさせながら上から下ろし、
後ろにかくします）

チュッ チュチュチュチュ　チュッ チュチュッ と　お　お　さ　わ　ぎ　ぎ

D.C.

Coda

い　な　く　な　り　しー

6番  （※❸と同じ）

 （「しー」のポーズをします）

> ❗ **2~5番** は、野ねずみの数に合わせて、指を2本、3本・・・と増やして同じ動作をします。
> また、**5番** の「♪チュチュッチュチュチュチュ・・・」のところは両手をたたきます。

★両手の指を1本ずつ増やしていき、最後におばけになって飛んでいく真似をします。

いっぽんと いっぽんで

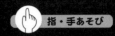指・手あそび

作詞：不詳／外国曲

（※❶ 左右の人さし指を1本ずつ
前に出します）

（山の形をつくります）

（指を2本にして、※❶と同様にします）

いっ ぽんといっ ぽんで　おやまになっ て　に ほんとに ほんで

（チョキチョキ動かします）

（指を3本にして、※❶と
同様にします）

（口の横にあて、ひげをつくります）

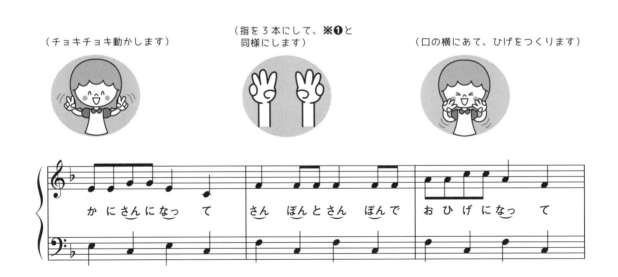

か にさんになっ て　さん ぼんとさん ぼんで　おひげになっ て

（指を4本にして、※❶と
同様にします）　　（くらげのように上下に
動かします）　　（指を5本にして、※❶と
同様にします）

よん　ほんとよん　ほんで　　くらげになって　　ご　ほんとご　ほんで

（おばけのように、ゆらゆらと左右に
動かします）　　（両手をななめ上に上げ、
おばけが飛んでいく真
似をします）

おばけになって　　おそらにとんでっ　た　　ヒュ〜

★ 1本ずつ指を増やして、いろいろなものを手で表現します。

いっぽんばし にほんばし

指・手あそび

作詞：湯浅とんぼ／作曲：中川ひろたか

1番

（片手で）　　　　　　　　　　　　　（両手で）

1.	いっ	ぽん	ば	しししし
2.	に ほ	ほん	ば	ししし
3.	さん	ぽん	ば	しししし
4.	よん	ほん	ば	しし
5.	ご	ほん	ば	し

2～5番 は、歌詞に合わせて、指を2本、3本・・・と増やして同じ動作をします。

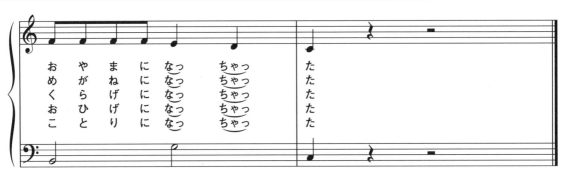

| おめくお | やがらひと | まねげげり | ににににに | なっなっなっなっなっ | ちゃっちゃっちゃっちゃっちゃっ | たたたたた |

1番 （山の形をつくります）

2番 （両手のチョキを目にあて、めがねを つくります）

3番 （くらげのように上下に 動かします）

4番 （口の横にあて、ひげをつくります）

5番 （親指同士をひっかけて、他の指を鳥の羽のように動かします）

★最後は手をひざに置く手あそびです。お集りのときなどに向いています。

はじまるよ

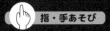
指・手あそび

作詞／作曲：不詳

共通

1.〜5. はじ まるよ　　はじ まるよ　　はじ まるよ　　はじ まるよ

でででで　ちん　いにさよご　ととととと　ちん　いにさよご

だニの　のお　じゃニこ　ここは　にんカねたて　よさん　げしざ　ひあひ

ニン！
チョキン！
ニャン！
ニョロニョロ！
しー！

1番

2番

3番

4番

5番

★慣れたら、歌詞をランダムに歌って、ポーズが合っている子どもは次に進み、できなかった子どもはお休みするというあそびもしてみましょう。

★また5番は「♪ 手は頭」「♪ 手はおしり」などにしてもいいでしょう。

★キャベツの中から青虫が出て、蝶々になるまでを表現した手あそびです。

キャベツの中から

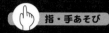
指・手あそび

作詞／作曲：不詳

1番 （左右の手を、リズムに合わせて交互にグーパー、グーパーと動かします）

（グーパーのまま両手を合わせます）

1.〜5.キャ　ベ　　ツ　　の　なか　か　　ら　　あ　お　む　し　で　た

（グーとグーで合わせます） （※❶ 片手ずつ親指を出します）

1番

（※❷ 両手の親指を出したまま、左右にゆらします）

よ　ニョキ　ニョキ

おとうさささんんん
おおかあさささんんん
おおにいさささちゃん
おおねえささちゃん
あ　かか　ちゃ

あ　お　む　　　し

❗ ※❶、❷のところを 2番 は人差し指、3番 は中指、4番 は薬指、5番 は小指に替えて同じ動作をします。

6番 （ **1番** と同じ）

6.キャ ベ ツ の なか か ら

（左右の指を交互に親指から小指まで1本ずつ出していきます）

6番

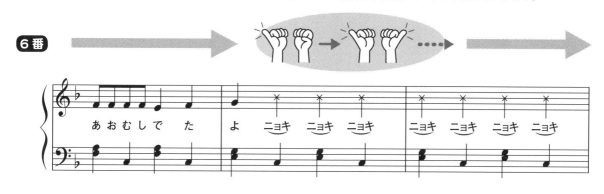

あ お む し で た よ ニョキ ニョキ ニョキ ニョキ ニョキ ニョキ ニョキ

（最後には両手が広がります）

6番

（両手を広げたまま、ちょうちょのように
ひらひらさせます）

ニョキ ニョキ ニョキ ちょう ちょに なっ た よ

★ 1本ずつ指を増やして、たこ焼きを食べたりおそばを食べたりする手あそびです。

たこ焼き

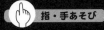指・手あそび

作詞／作曲：不詳

（人さし指を左右にふります）

（人さし指をつまようじに見立て、
たこ焼きを食べる真似をします）

（ 2 本の指を左右にふります）

いっ ぽん の ゆ びで　た こや きた べて　に ほん の ゆ びで

（ 2 本の指を箸に見立て、おそばを
食べる真似をします）

（ 3 本の指を左右にふります）

（ 3 本の指をフォークに見立て、
ケーキを食べる真似をします）

お そば を た べて　さん ぼん の ゆ びで　ケ ー キ を た べて

（4本の指を左右にふります）

（4本の指をスプーンに見立て、カレーライスを食べる真似をします）

（5本の指を左右にふります）

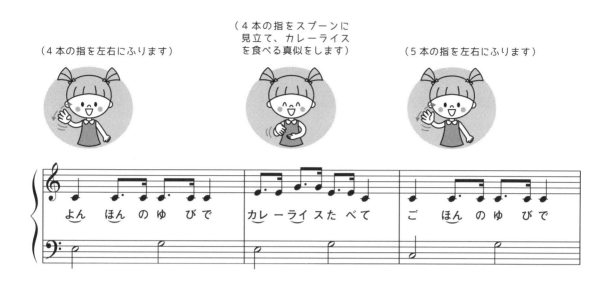

よん　ほん　のゆ　び　で　　カ　ー　レライスた　べて　　ご　　ほん　の　ゆ　びで

（おにぎりをつくる真似をします）

（おにぎりを食べる真似をします）

お　にぎ　りつ　くって　　パ　クパ　クた　べま　し　た

曲がり角

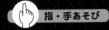

作詞／作曲：不詳

1番

（※右手の親指をふりながら、横から前に出します）

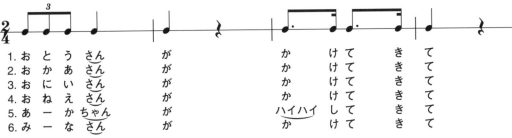

```
1.お  と  う  さん    が が        か か     て て て   き き き き   て て て て
2.お  か  あ  さん    が が        か か     け け け   き き き き   て て て て
3.お  に  い  さん    が が        か か か  て て て   き き き き   て て て て
4.お  ね  え  さん    が が        か か か  け け け し て て て    き き き き   て て て て
5.あ  ー  か  ちゃん  が が        ハイハイ   け け     き き       て て て
6.み  ー  な  さん    が が        か        て        き         て
```

1番

（左手の親指を※と同様に出します）

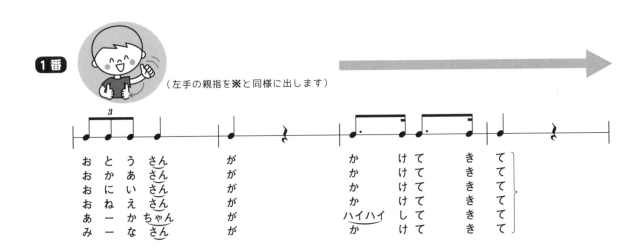

```
お  と  う  さん      が が       か か      て て て   き き き き   て て て て
お  か  あ  さん      が が       か か      け け け   き き き き   て て て て
お  に  い  さん      が が       か か か   て て て   き き き き   て て て て
お  ね  え  さん      が が       か か か   け け け し て て て    き き き き   て て て て
あ  ー  か  ちゃん    が が       ハイハイ    け け      き き       て て て
み  ー  な  さん      が が       か         て         き
```

1番

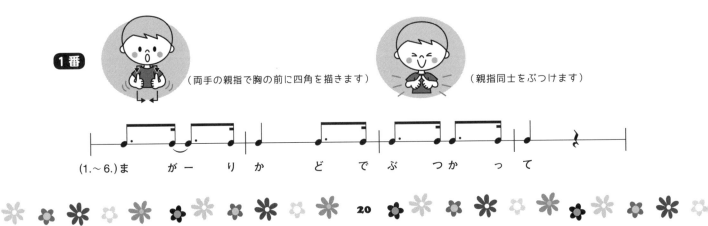

（両手の親指で胸の前に四角を描きます）　（親指同士をぶつけます）

（1.～6.）ま　が ー り か　ど　で　ぶ　つ か　っ て

1番

（右手の親指をふりながら、左手の親指に近づけます）　（左手の親指をふりながら、右手の親指に近づけます）　（両手の親指を内側に４回ふります）

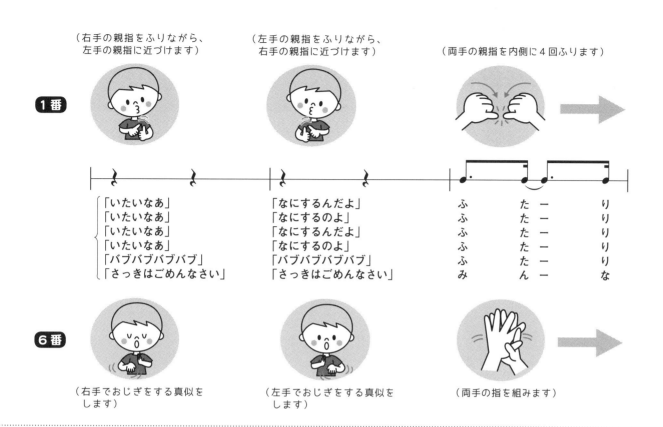

「いたいなあ」	「なにするんだよ」	ふ　た　ー　り
「いたいなあ」	「なにするのよ」	ふ　た　ー　り
「いたいなあ」	「なにするんだよ」	ふ　た　ー　り
「いたいなあ」	「なにするのよ」	ふ　た　ー　り
「バブバブバブバブ」	「バブバブバブバブ」	ふ　た　ん　ー　り
「さっきはごめんなさい」	「さっきはごめんなさい」	み　ん　ー　な

6番

（右手でおじぎをする真似をします）　（左手でおじぎをする真似をします）　（両手の指を組みます）

1番

（両手の親指を外側に３回ふります）

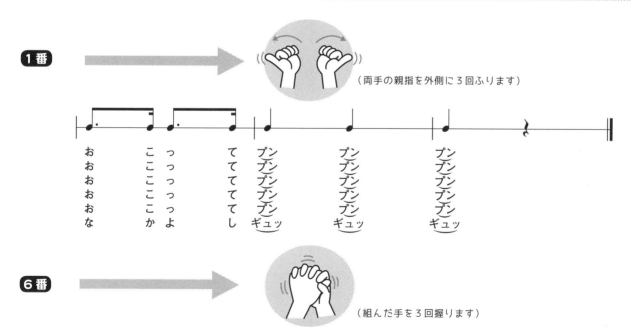

おおおおおな　こここここか　っっっっっよ　ててててし

プンプンプンプンプンギュッ　プンプンプンプンプンギュッ　プンプンプンプンプンギュッ

6番

（組んだ手を３回握ります）

> ❗ **2番** は人さし指、**3番** は中指、**4番** は薬指、**5番** は小指を使って、**1番** と同じ動きをします。
> **6番** は「♪みなさんが かけてきて 〜 まがりかどで ぶつかって」までは、両手の５本の指で
> **1番** と同じ動作をし、それ以降はイラスト通りに動かします。

★アンパンマンがお出かけするときをイメージした替え歌です。

アンパンマン （「ごんべえさんの赤ちゃん」替え歌）

 指・手あそび

作詞：不詳／外国曲

（マントとベルトをつける真似をします）

（こぶしを両方のほおに
あて、首をふります）

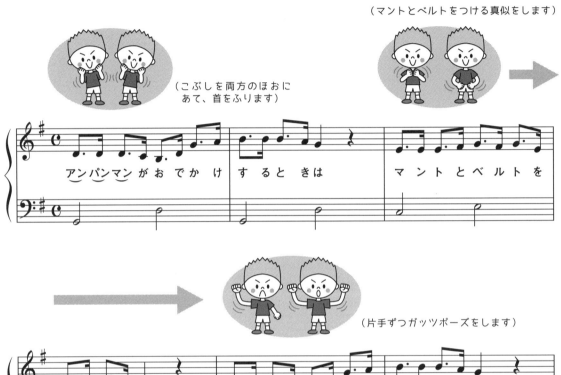

アンパンマンが おでかけ すると きは マントとベルトを

（片手ずつガッツポーズをします）

ようい して パワーをもりもり たくわえて

（両手の人さし指を頭の上に立てます）　（片手をグルグルまわします）　（パンチをする真似をします）

バイキンマ ンを やっ つけろ 「アーン パンチ！」

★糸を引いたり巻いたりするイメージを描きながら、手あそびを楽しみます。

いとまき

指・手あそび

作詞：不詳／外国曲

（※❷ グーにした両手を横に引きます）

（※❸ グーにした手を3回打ち合います）

（※❶ グーにした両手を交互にまわします）

い と まきまき　い と まきまき　ひい てひい て　トン トン トン

（※❶と同じ）

（※❷と同じ）

（※❸と同じ）

い と まきまき　い と まきまき　ひい てひい て　トン トン トン

（手をたたきながら上に上げていきます）

（両手をキラキラさせながら上から下ろします）

じょう ずに　で き た　きれ いに　で き た

★簡単で楽しい、手あそびの定番です。

大きな栗の木の下で

作詞：不詳／外国曲

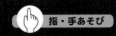
指・手あそび

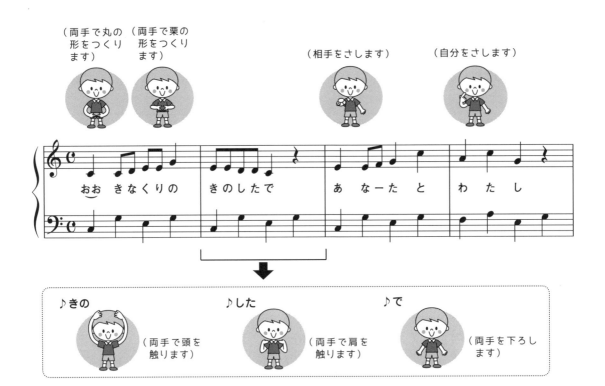

（両手で丸の形をつくります）　（両手で栗の形をつくります）　（相手をさします）　（自分をさします）

おお きなくりの　きのしたで　あ なーたと　わ た し

♪きの （両手で頭を触ります）　♪した （両手で肩を触ります）　♪で （両手を下ろします）

（交差するように片手ずつ胸にあてます）　（体を右、左、交互に動かします）　（1、2 小節と同じ）

な か よ く　あそびましょう　おお きなくりの　きのしたで

24

★ゴリラになりきって、ユーモラスに体を動かします。

ゴリラのうた

作詞：上坪マヤ／作曲：峯 陽

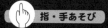
指・手あそび

1番

（両手をグーにして、片手は上に上げ、もう片方の手は胸にあてます）

（手を逆にします）

（※❶ 両手でガッツポーズをします）

（※❷ 両手をグーにして、交互に胸をたたきます）

（※❶と同じ）

1.2. ゴリラ は　　エッ ホッ ホ　　{ むねを　たたいて / バナナ　たべて }　{ エッ ホッ ホ / エッ ホッ ホ }

2番　（ **1番** と同じ動き）

（※❸ バナナを食べる真似をします）　（※❶と同じ）

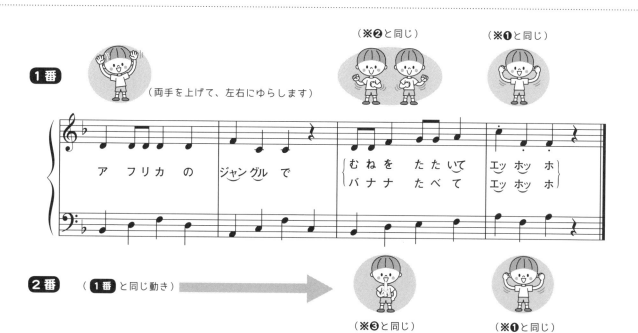

1番

（両手を上げて、左右にゆらします）

（※❷と同じ）

（※❶と同じ）

ア　フリカ　の　　ジャングル　で　　{ むねを　たたいて / バナナ　たべて }　{ エッ ホッ ホ / エッ ホッ ホ }

2番　（ **1番** と同じ動き）

（※❸と同じ）　（※❶と同じ）

★歌に合わせて、体のいろいろなところを触っていきます。

さかながはねて

作詞／作曲：中川ひろたか

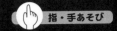
指・手あそび

共通 （両手を合わせて、魚が泳ぐようにクネクネさせます）

 （両手をパーにして、上に上げます）

1.〜5.さ　か　な　が　は　ね　て　ピョン

あ あ お お お	た た た め へ し	ま ま め そ り	に に に に に	く く っ く っ く っ く っ く っ く
つ つ つ つ つ	い い い い い			
た た た た た た	ぼ う さ う め が で べ パ ン	し ぎ ね そ ツ		

 1番 （両手を頭に乗せます）

 2番 （両手を頭の上にあて、うさぎの耳をつくります）

 3番 （両手をめがねの形にして、目にあてます）

 4番 （両手をグーにして、おへそにあてます）

 5番 （両手をおしりにあてます）

★くっつく部分では、例えば「♪ おみみに くっついた イヤリング」「♪ おくちに くっついた マスク」など、歌詞と動きをいろいろアレンジしてやってみましょう。

★歌の最後に「サンタ」か「トナカイ」のどちらかのポーズをして、保育者と競います。

サンタとトナカイ

指・手あそび

となえうた

あそびかた

サンタのポーズとトナカイのポーズを交互に行います。

最後の「♪ なかがいい！」の「いい！」のときに、保育者がサンタかトナカイのどちらかのポーズをします。子どもたちは、保育者と違うポーズをしなければいけません。

同じポーズだった子どもは座っていき、最後まで残った人がチャンピオンです。

（※❶ あごに手をあてて、サンタのひげをつくります）　（※❷ 頭の上に手をあてて、トナカイの角をつくります）　（※❶と同じ）　（※❷と同じ）

サン　タ　ト　ナ　カイ　サン　タ　ト　ナ　カイ

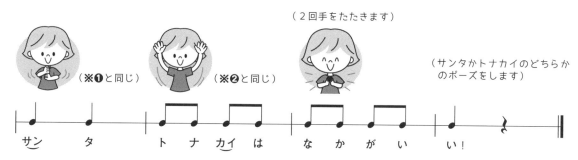

（※❶と同じ）　（※❷と同じ）　（2回手をたたきます）　（サンタかトナカイのどちらかのポーズをします）

サン　タ　ト　ナ　カイ　は　な　か　が　い　い！

アドバイス

他のポーズでもやってみましょう。

「ミッキーとウルトラマン」　「パンダとコアラ」

★グー・チョキ・パーをモチーフにした手あそびです。

ずっとあいこ

作詞／作曲：阿部直美

指・手あそび

1番 （両手をチョキにして横に8回ふります）

1.	カ	ニ	さ	ん	と		カ	ニ	さ	ん	が
2.	ク	マ	さ	ん	と	と	ク	マ	さ	ん	が	が
3.	ア	ヒル	さ	ん	と		ア	ヒル	さ	ん	が

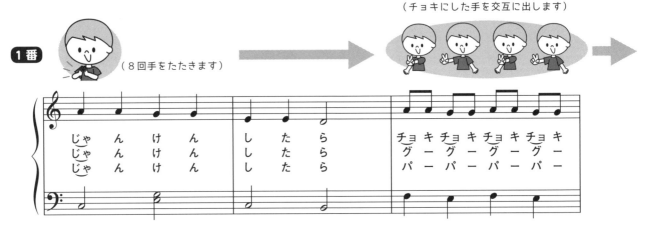

1番 （8回手をたたきます） （チョキにした手を交互に出します）

じゃ	ん	け	ん	し	た	ら	チョ	キ	チョ	キ	チョ	キ	チョ	キ
じゃ	ん	け	ん	し	た	ら	グー	グー	グー	グー
じゃ	ん	け	ん	し	た	ら	パー	パー	パー	パー

1番 （両手をチョキにして横に4回ふります） （3回手をたたきます）

チョ	キ	チョ	キ	チョ	キ	チョ	キ	ずーっ		と	と	あ	い	こ
グー	グー	グー	グー	ずーっ		と	と	あ	い	こ
パー	パー	パー	パー	ずーっ		と		あ	い	こ

❗ **2番** はグーの手（クマの手の形）、**3番** はパーの手（アヒルの手の形）にして、**1番** と同様の動きをします。

★歌に合わせて手をゆらし、最後にいろいろなポーズをします。

チョキチョキダンス

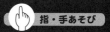
指・手あそび

作詞：佐倉智子／作曲：おざわたつゆき

1番

（右手を開き、リズムに合わせて左右にふります）

1. ラ ラ ラ ラ みぎりょ うてて ララララ みぎりょ うてて ラララ

（左り）

1番

（右手をグーにし、手首をまわして円を描き、「ぱ」のところで手を開きます）　（右手をチョキにして、リズムに合わせて体と右手を左右にゆらします）

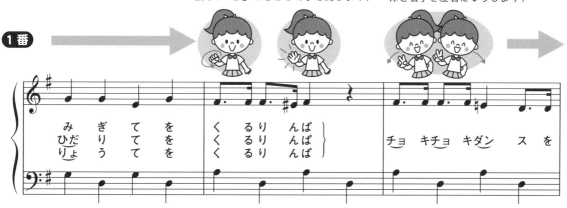

みぎりょ うてて をを くくく るるる りりり んんん ぱぱぱ　チョ キチョ キダン ス を

（左り）

1番

（スマイルポーズをします）

（5回手をたたきます）

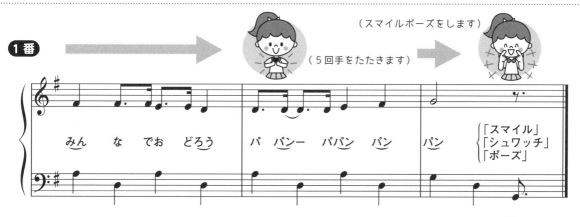

みん な でお どろう パ パンー パパン パン パン 「スマイル」「シュワッチ」「ポーズ」

! **2番**は左手、**3番**は両手で同じ動作をし、最後のポーズを変えます。　**2番** ♪シュワッチ　**3番** ♪ポーズ（好きなポーズ）

★天狗の鼻や耳を手あそびでユーモラスに表現します。

てんぐのはな

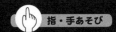指・手あそび

作詞／作曲：浅野ななみ

1. てん　　ぐ　　の　　の　　は　　み　　な　　は　　は　　な　　が　　い　　い　　ぞ　ぞ
2. ぞ　　　う　　り　　　　　　　　　　　　　　でっ　かか　　　　ぞ　ぞ
3. あ

(実際の歌詞配置)

1. てん ぐ の の	は み な は は	な でっ が かか い い	ぞ ぞ
2. ぞ う り		ちっ ちゃ	ぞ
3. あ	く ち は		

（両手の人さし指で自分の鼻を軽くたたきます）

（両手の人さし指で自分の耳を軽くたたきます）

（両手の人さし指で自分の口を軽くたたきます）

おっ　とっ　とっ　とっ　この　くら　い

（手のひらを絵のように少しずつ広げていき、思いきり広げてとめます）

（手のひらを絵のように少しずつ広げていき、思いきり広げてとめます）

（口を大きく開けた状態から少しずつ閉じていきます）

 ★奈良の大仏さんのいろいろなところに、すずめがとまるイメージの手あそびです。

ならのだいぶつさん

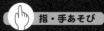 指・手あそび

作詞：不詳／アメリカ民謡

```
1.  ならの  ならの    だいぶつさんには    すずめが さんば    とっと　まった
2.  いちばんめの     ここすずめ には    あおたはしに      とっと　まった
3.  にばんめの       ここすずめ は      あおしに         とっと　まった
4.  さんばんめの     ここすずめ       おに             とっと　まった
```

 1番 （両手で上から下へ大きく大仏の形を描きます）　　 （両手の指を3本出し、頭に乗せて左右にゆれます）

 2番 （右手の人さし指を出し、左右にゆらします）　　 （片手で軽く頭をたたきます）

 3番 （右手の指を2本出し、左右にゆらします）　　 （片手で鼻を指差します）

 4番 （右手の指を3本出し、左右にゆらします）　　 （片手でおしりを軽くたたきます）

```
なんと  いって    ないて  まだ  すよよ     チュン チュン チュン チュン    チュン
とかい  いたく    おてや  まだだ  よ
からい  らいさく  トンネルだか
く     さいく    おトン  おだ
```

 1番 （手を片方ずつ耳にあてます）

 2番 （両手を下からななめに上げて、山の形を描きます）

 3番 （両手で目を隠し、左右にゆれます）

 4番 （片手で鼻をつまみ、もう片方の手で臭いを払う真似をします）

 （両手を左右に広げて、すずめが飛ぶ真似をします）

パンパンパン

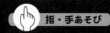
指・手あそび

作詞：不詳／外国曲

歌詞の「♪パンパン」のところはすべて2回手をたたきます。

1. パン パン あたま　　パン パン おしり　　パン パン ほっぺ　　いい おかお
2. パン パン おめめ　　パン パン おはな　　パン パン おくち　　いい おかお
3. パン パン なきべそ　　パン パン おこりんぼ　　パン パン へんてこりん　　いい おかお

1番

（両手を頭にあてます）

（両手でおしりを
触ります）

（両手をほおに
あてます）

2番

（両手の人さし指で
両目を指さします）

（両手の人さし指で
鼻を触ります）

（両手の人さし指で
口を触ります）

（顔の横で両手を
開き「いいお顔」
をします）

3番

（泣く真似をします）

（怒る真似をします）

（おもしろい顔
をします）

★パン屋さんにあるものか、ないものかを考えて、みんなで答えます。

パン屋さんにあるもの

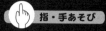指・手あそび

作詞：不詳／フランス民謡

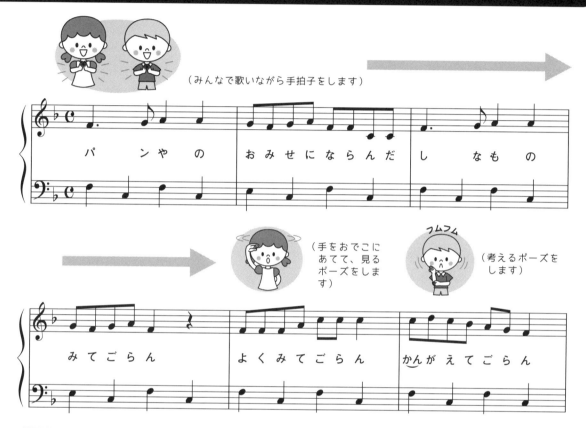

（みんなで歌いながら手拍子をします）

パ　ンやの　　おみせにならんだ　し　なも　の

（手をおでこにあてて、見るポーズをします）

フムフム（考えるポーズをします）

みてごらん　　よくみてごらん　　かんがえてごらん

❗ 「♪かんがえてごらん」のあとは、保育者が次々言っていくものがパン屋さんに売っているものかどうかを考えて、絵のように手拍子やバツのポーズで答えていきます。

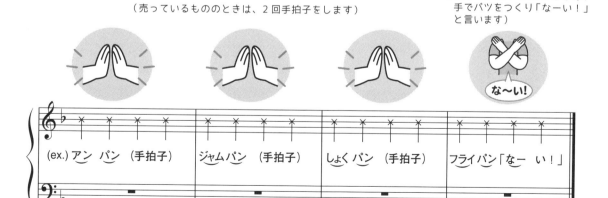

（売っているもののときは、2回手拍子をします）

（売っていないもののときは、手でバツをつくり「なーい！」と言います）

な〜い！

(ex.)アン　パン　（手拍子）　　ジャムパン　（手拍子）　　しょくパン　（手拍子）　　フライパン「なー　い！」

★グー・チョキ・パーで手あそびをして、最後にジャンケンをします。

チョッパとパッチョ

 指・手あそび

作詞／作曲：不詳

基本の動き
 ♪チョ（チョッ、チョー）のときはチョキのポーズをします。
 ♪パ（パー、パッ）のときはパーのポーズをします。

1. チョッ　パ　　チョッ　パ　　チョッ　チョッ　パー
2. パッ　チョ　　パッ　チョ　　パッ　パッ　チョー

（※グーにした両手を胸のところで交差します）

1番

グー　すけ　　ひらいて　グーすけ　　チョッ　チョッ　パー
パー　すけ　　　　　　　　　　　パッ　パッ　チョー

2番

（※と同じ）

共通

（グーにした両手をグルグルまわします）

ジャンケンポン！

（保育者と子どもたちがジャンケンをします）

ぐ　る　り　と　　ま　わ　し　て　　ジャン　ケン　　ポン

★小さな庭に花が咲くことを表現した、簡単にできる手あそびです。

小さな庭

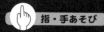
指・手あそび

作詞／作曲：不詳

（両手の人さし指で胸の前に
小さな四角を描きます）

（両手の人さし指を曲げなが
ら、左から右へ動かします）

ち い さ な に わ を

よ く た が や し て

（左手の手のひらに種を乗せたつもりで
それをつまみ、まく真似をします）

（両手を合わせて左右に
ふりながら、上に伸ば
していきます）

ち い さ な た ね を

ま き ま し た

ぐ ん ぐ ん の び て

（両手を広げ、ひらひらさせながら下ろします）

（両手を合わせて、つ
ぼみのように少し
ふくらませます）

（ポッ！と花が咲く
ように、両手を小
さく開きます）

（両手の人さし指を４回
打ち合わせます）

は る に なっ て

ち い さ な は な が

さ き ま し た ポッ！

★「おもちつき」の楽しさを盛り上げる手あそびです。

おもちのうた

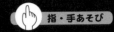
指・手あそび

作詞：さとうよしみ／作曲：山崎八郎

共通 （※❶ 手を重ねておもちに見立て、リズムに合わせて左右にゆらします）

1.2.お　も　ち　さ　ん　　ふ　く　れん　ぼ　さん

共通 （重ねた手の間を少し開け、ふくらんだ様子を表します）　 （食べる真似をします）

ふ　く　れ　た　ら　た　べま　す　よ

共通 （※❶と同じ）

こ　ん　が　り　こ　ん　が　り　まい　だだ　でで　すす

共通 （手の甲を上にして前後にゆらします）

かか ー まい だ で で す す よ よ と と

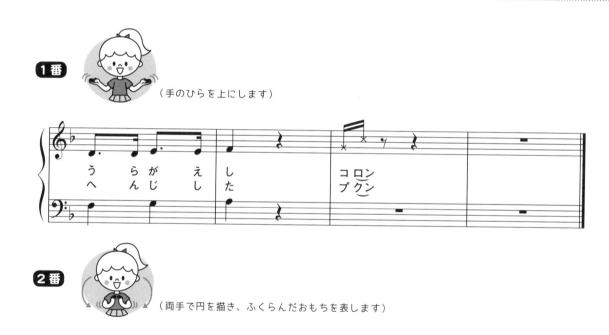

1番 （手のひらを上にします）

う ら が え し た コロン プクン
へ ん じ し た

2番 （両手で円を描き、ふくらんだおもちを表します）

歌い終わったら、「パクパク」と言いながら、両手でおもちを食べる真似をしてもいいでしょう。

★簡単でリズミカルな手あそびなので、低年齢児でも楽しめます。

アイアイ

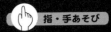
指・手あそび

作詞：相田裕美／作曲：宇野誠一郎

共通

（※❶ 手を上下に動かします）

（※❷ リズムに合わせて手を たたきます）

1. アイ アイ（アイ アイ）　アイ アイ（アイ アイ）　おさ　るさーんだ　よ
2. アイ アイ（アイ アイ）　アイ アイ（アイ アイ）　おさ　るさーんだ　ね

共通

（※❶と同じ）

（※❷と同じ）

アイ アイ（アイ アイ）　アイ アイ（アイ アイ）　みな　みのしまー　の
アイ アイ（アイ アイ）　アイ アイ（アイ アイ）　きの　はのおうー　ち

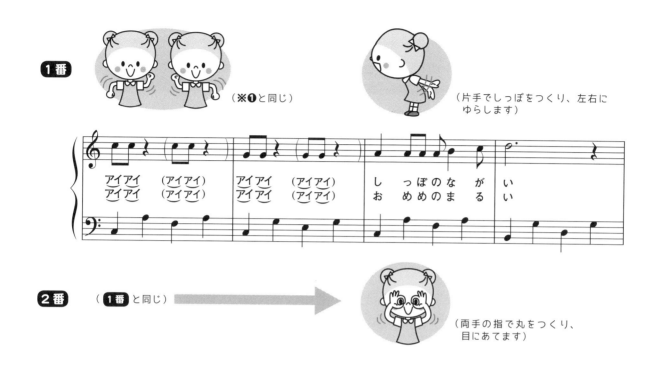

1番 （※❶と同じ）　（片手でしっぽをつくり、左右にゆらします）

アイアイ　（アイアイ）　アイアイ　（アイアイ）　しっぽのな　が　い
アイアイ　（アイアイ）　アイアイ　（アイアイ）　おめめのま　る

2番　（**1番**と同じ）　（両手の指で丸をつくり、目にあてます）

共通 （※❶と同じ）　（※❷と同じ）

アイ　アイ（アイ　アイ）　アイ　アイ（アイ　アイ）　おさるさんだ　よ
アイ　アイ（アイ　アイ）　アイ　アイ（アイ　アイ）　おさるさんだ　ね

❗ **2番**の「♪おめめの まるい」以外の歌詞のところは、すべて**1番**と同じ動作です。

★両手の指をきつねに見立ててあそびます。

きつねのおはなし

作詞：まどみちお／作曲：渡辺 茂

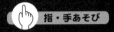
指・手あそび

（両手を後ろにし、片方の手をキツネの形にして、ふりながら前に出します）

1.	こっ	ち	か	ら	き	つ	ね	が	が		で	で	て	き	た	よ
2.	あっ	ち	か	ら	き	つ	ね	が	が		で	で	て	き	た	よ
3.	りょ	う	ほう		から	き	つ	ね	が		で	で	て	き	た	よ

3番

（両手を後ろでキツネの形にし、ふりながら前に出します）

（人さし指と小指を折り曲げるように
ぴくぴくと動かします）

（もう片方の手で、
遠くを指さしながら、
ふります）

み	み	う	ご	か	すー	よ	ぴく	ぴく	ぴく	あ	っち	でと	もだ	ち	よ
み	み	う	ご	か	すー	よ	ぴく	ぴく	ぴく	こ	っち	でと	もだ	ち	よ
く	ち	う	ご	か	すー	よ	ぺら	ぺら	ぺら	お	にごっ	こし	よう		

3番

（両手のキツネを向かい合わせ、
話をするようにパクパク動かします）

（両手のキツネを、
後ろから前にふりながら
動かします）

1・2番 ⟶ （キツネの手をゆらしながら、もう片方の手に近づけます）

（両手を後ろに隠します）

よ んで るよ	どん どん どん どん	かけ てっ た
よ んで るよ	どん どん どん どん	かけ てっ は
じゃ んけ んぽん	らん らん らん らん	あっ はっ は

3番
（両手でジャンケンをします）

（両手を上に上げ、キラキラさせながら下ろします）

（顔の横で両手を広げ、3回ふります）

アドバイス

両手の指をきつねの形にして、影絵などであそんでから、この手あそびをすると楽しいでしょう。

おばけ

作詞／作曲：不詳

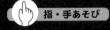
指・手あそび

（おばけの手をつくり、右にゆらします）　（左にゆらします）　（顔をかくします）　（両手を開いて、びっくりした顔をします）

でた— でた— おばけがでた—

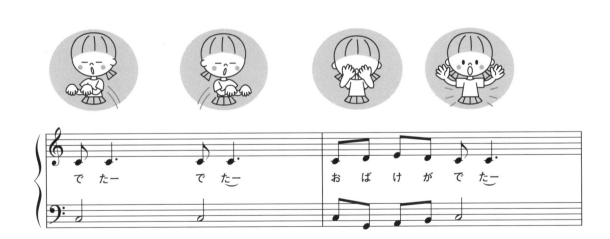

でた— でた— おばけがでた—

「♪でたー でたー」や「♪まっくらな やみの なか」のところでは、おばけをイメージするような怖い顔をしましょう。また最後の「でたー！」のところでは、大声でエキサイトしましょう。

★「お泊まり保育」のときにあそぶと、盛り上がります。

カレーライスのうた

指・手あそび

作詞：ともろぎゆきお／作曲：峯 陽

1. に　　ん　じん　　　　　　　　　た　　　ま　　　ね　ぎ　　　　　　　　じゃ
2. お　　し　お　　　　　　　　　　カ　　　レ　　　ル　　　　　　　　　　い
3. ム　シャムシャ　　　　　　　　　モ　　　グ　モ　　グ　　　　　　　　　お

（両手をチョキにして
左右にふります）

（両手を合わせてたまねぎ
の形をつくります）

（両手で塩のビンを
ふって、鍋の中に入
れる真似をします）

（両手で四角いカレールー
の形をつくります）

（片手をお皿に見立て、もう片方はスプーンを持って食べる真似をします）

1番

（両手をグーにして左右にふります）

（人さし指で鼻を押してブタの真似をします）

（両手でお鍋の形をつくります）

2番

（カレールーを鍋に入れる真似をします）

（右手の人さし指をなめる真似をします）

（両手でコショウのビンをふって、鍋の中に入れる真似をします）

3番

（片手でコップを持って水を飲む真似をします）

（右手をグーにして上に上げます）

1番

（片手で鍋をかき混ぜる真似をします）

（ぐつぐつ煮えているように、両手の指を動かします）

2番

（5回手をたたきます）

（両手のひらを上に向けて、前にさし出します）

（元気よくガッツポーズをします）

3番

（左手もグーにして上に上げます）

（両手の腕をグルグルと大きくまわします）

★金魚とめだかの泳ぎ方の違いを、手あそびで表現します。

きんぎょさんと めだかさん

 指・手あそび

作詞／作曲：不詳

（※❶ 両手を左右に
まっすぐのばします）

（※❷ 両手を前にまっ
すぐのばします）

（※❸ 両手を左右に
のばし、体を左右
にゆらします）

（※❹ 左右に開いた
両手をグルグルま
わします）

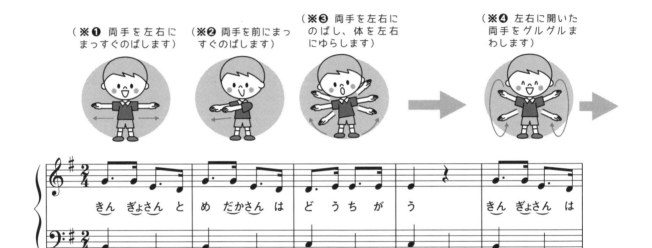

きん ぎょさん と　め だかさん は　ど　う ち が　う　きん ぎょさん は

（※❺ 両手を前に出したり引いたりします）

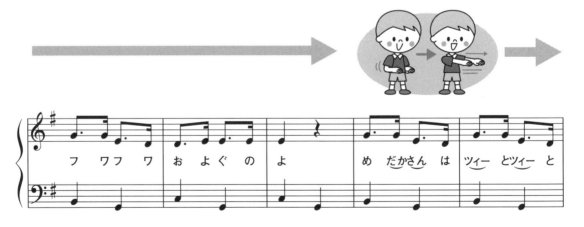

フ　ワフ　ワ　お　よぐ の　よ　　め だかさん は　ツィー とツィー と

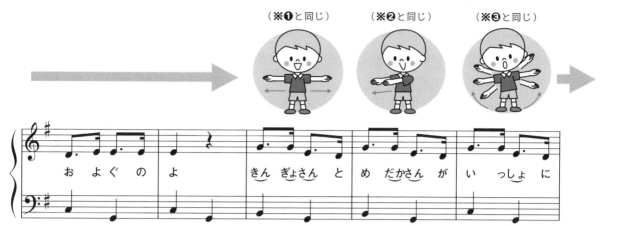

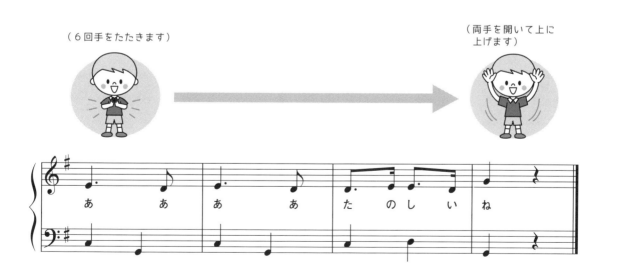

★グーチョキパーの形を使った手あそびです。

グーチョキパーでなにつくろう

 指・手あそび

作詞：不詳／外国曲

共通

（歌詞に合わせて両手をグーチョキパーにします）

（両手をパーにして左右にゆらします）

1.～3. グー チョキ パー で　グー チョキ パー で　なに つく ろう

なに つく ろう

みぎ て が チョキ で で	ひだり て も チョキ で で
みぎ て が パー で で	ひだり て も パー で で
みぎ て が チョキ で	ひだり て が グー で

1番

（右手でチョキを出します）

（左手もチョキを出します）

2番

（右手でパーを出します）

（左手もパーを出します）

3番

（右手でチョキを出します）

（左手でグーを出します）

（チョキチョキ動かしながら、左右にゆらします）

（親指同士をつけて、ひらひらさせます）

（チョキの右手の甲の上に、左手のグーを乗せます）

まだジャンケンを知らない子ども
たちに、ジャンケンを教えた後に
この手あそびをしたり、この手あ
そびをした後に、友だち同士で
ジャンケンあそびをしてもいいで
しょう。

★しゃぼん玉が飛んできてこわれるまでをイメージした歌あそびです。

しゃぼんだま

指・手あそび

作詞／作曲：不詳

（※❶ 両手を下か　　（※❷ 両手を上げたまま、　　　　　　　　　　　　　　　（※❶と同じ）
　　ら上に上げます）　　　　左右にゆれます）

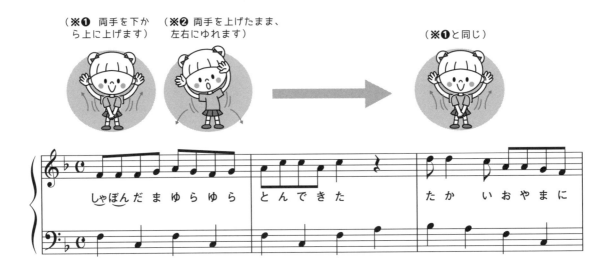

しゃ ぼん だ ま ゆら ゆら　と ん で きた　　た か　い お や ま に

（※❷と同じ）　　　　　　（左手を腰にあてて、　　　　（おじぎをします）
　　　　　　　　　　　　　　右手で見る真似をします）

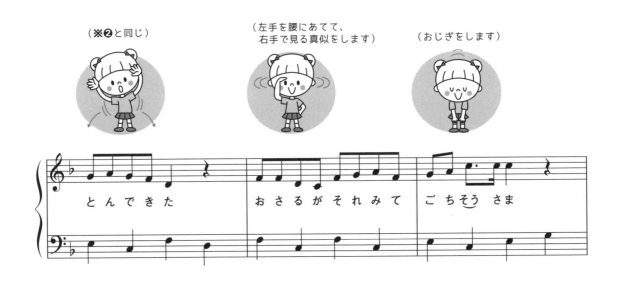

と ん で きた　　お さ る が そ れ み て　ご ち そう さ ま

（下から両手を上に上げて
いきます）

（左手を腰にあてて、右手の人さし指で４回つつく真似
をします）

おてて で ちょ ちょん と　　つ つ い たら　　　　　　　　しゃぼん

（頭の上まで両手を上げます）（両手を１回たたきます）

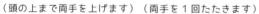

（※❷と同じ）

だ　　ま こ わ れ て　　き え ちゃっ た

★歌いながら、自分の目・口・耳などを触ったり、いろいろな動物になって楽しみます。

トントンパチパチ

指・手あそび

作詞／作曲：阿部直美

 1番

（※❶ 両手でひざを
　　2回たたきます）

（※❷ 2回手拍子をします）

（両手の人さし指で両目を指さします）

1. トン　　トン　　パ　チ　パ　チ　　おめめ　です
2. トン　　トン　　パ　チ　パ　チ　　うさぎ　さん

2番 （ **1番** と同じ動き） ➡

（両手でうさぎの耳をつくります）

 1番

（※❶と同じ）

（※❷と同じ）

（両手の人さし指で口を指さします）

トン　　トン　　パ　チ　パ　チ　　おくちで　す
トン　　トン　　パ　チ　パ　チ　　ことりさ　ん

2番 （ **1番** と同じ動き） ➡

（両手で小鳥の口をつくります）

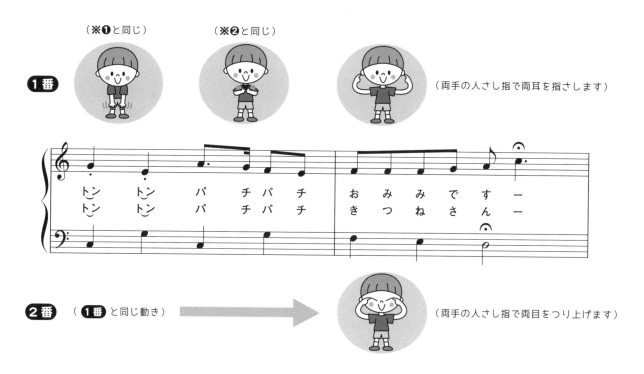

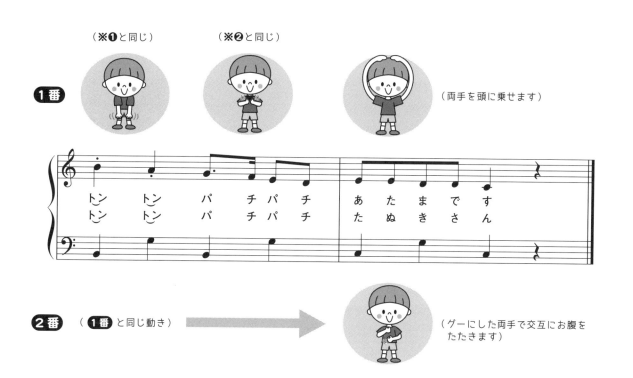

★持ち帰る荷物が多い日のお帰りのときに向いている手あそびです。

にもつ持ち帰りのうた

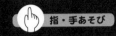
指・手あそび

作詞／作曲：不詳

（右手の人さし指を
出します）

（左手の人さし指を
出します）

（両手の人さし指を
出します）

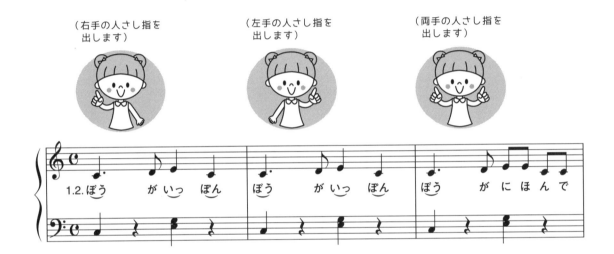

1.2.ぼう　　がいっ　ぽん　　ぼう　　がいっ　ぽん　　ぼう　　がにほんで

（人さし指を交差しながら3回
トントンたたきます）

（両手の人さし指を
上に向けます）

（両手の人さし指を
下に向けます）

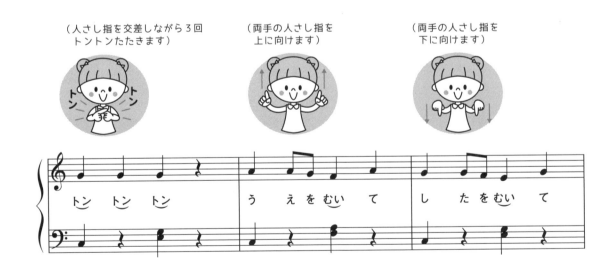

トン　トン　トン　　う　えをむい　て　　し　たをむい　て

歌詞の○○のところは、その日持ち帰るものを入れましょう。
（例：帽子、タオル、上ばき、スモックなど）

（荷物を探すように、両手の人さし指をクルクルさせます）

○　　　○　は　ど　　　こ
ぜ　　　ん　ぶ　あ　　　る

だ？
ね

2番 歌詞の最後「♪ぜんぶあるね」
のところは、右のいずれかのポーズ
をしましょう。

（両手の人さし指をほおに
あてて、スマイルポーズ
をします）

（両手を上に上げて、
丸の形をつくります）

★週の最後の日などの、持ち帰る荷物の多いときに歌うといいでしょう。
★歌いながら、ひとつひとつ荷物を確認しましょう。

★猫の子になったつもりで、手あそびをします。

ねこのこ

作詞／作曲：出口 力

（右手の人さし指で自分をさします）

（※軽くにぎった両手を左右交互に
2回ずつゆらします）

わ　た　　し　　は　ね　この　こ　ね　この　こ

（※と同じ）

（親指と人さし指で輪をつくり、両
目にあてます）

ね　この　こ　ね　この　こ　お　め　　め　は

（指の輪をくるくる動かします）

くるくる　くるくる　くるくる　くるくる

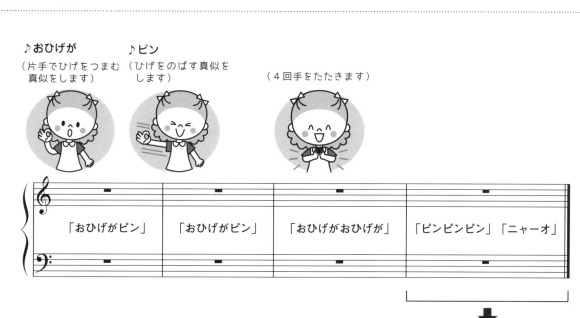

♪おひげが
（片手でひげをつまむ
　真似をします）

♪ピン
（ひげをのばす真似を
　します）

（4回手をたたきます）

「おひげがピン」　「おひげがピン」　「おひげがおひげが」　「ピンピンピン」「ニャーオ」

♪ピン　　　♪ピン　　　♪ピン　　　♪ニャーオ

（【肩→頭→ばんざい】の順に両手を動かし、「ニャーオ」のところで、にぎった片手を1回ゆらします）

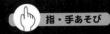指・手あそび

★歌に合わせて「パンダ」「うさぎ」「コアラ」の真似をします。

パンダうさぎコアラ

作詞：高田ひろお／作曲：乾 裕樹

（両手で手招きする真似をします）　　（パンダの目をつくります）

おい　でおい　でおい　でおい　で　　パンダ　　（パンダ）　　おい　でおい　でおい　でおい　で

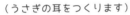

（うさぎの耳をつくります）　　　　　　　　　　　　　　　　　　（コアラのポーズをします）

うさぎ　　　（うさぎ）　　おい　でおい　でおい　でおい　で　　コアラ　　　（コアラ）

パ　ン　ダ　　　うさぎ　　コアラ

アドバイス

参観日などに親子で向き合って行っても楽しいです。その場合、最後は「コアラ〜！」と叫びながら、おうちの人が子どもを抱きしめると盛り上がるでしょう。

★定番の手あそびに、ユーモラスな動きを加えたアレンジバージョンです。

とんとんとんとん ひげじいさん
~アレンジバージョン~

指・手あそび

作詞：不詳／作曲：玉山英光

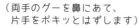

❗ このアレンジバージョンは、ひげが伸びたりこぶが落ちたり、鼻が折れたりめがねがずり落ちたりするところにおもしろさがあります。そのおもしろさを表情豊かに表現してみましょう。

★大小さまざまな動物がつくったドーナツを、いろいろなものに見立てた手あそびです。

まちがえちゃうね

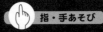 指・手あそび

作詞／作曲：阿部直美

（※❶ 両手を広げて、
びっくりした顔をします）

 共通

（ドーナツの生地を伸ばすように、両手を
前後に動かします）

```
1.カ   バ さん  の つ く っ  た  ドー  ナ  ツ  は  ハッ！
2.ね   こ さん  の つ く っ  た  ドー  ナ  ツ  は  エッ！
3.ゾ   ウ さん  の つ く っ  た  ドー  ナ  ツ  は  ハッ！
4.リ   ス さん  の つ く っ  た  ドー  ナ  ツ  は  エッ！
```

（※❶と同じ）

 1,3番

（両手を少しずつ上に上げていき、丸の形
をつくります）

```
まんん  まま  るる  ここ  んん  なな  にに  おち  おい  きさ  くて  エッ！
まんん  まま  るる  ここ  んん  なな  にに  おち  おい  きさ  くて  ハッ！
まんん  まま  るる  ここ  んん  なな  にに  おち  おい  きさ  くて  エッ！
まんん  まま  るる  ここ  んん  なな  にに  おち  おい  きさ  くて  ハッ
```

（※❶と同じ）

 2,4番

（手を少しずつ前にして小さい丸をつくり
ます）

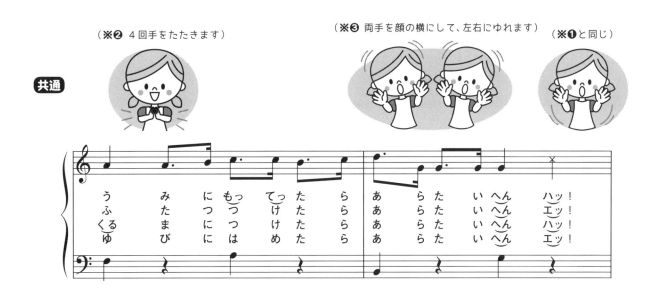

★ 2番 と 4番 の「♪まんまる こんなに ちいさくて」のところ以外の動きは、1番 と同じです。
★ 3番 は 1番 と全て同じ動きです。

★昔なつかしい「まつぼっくり」の歌の歌詞に合わせて、手あそびをします。

まつぼっくり

 指・手あそび

作詞：広田孝夫／作曲：小林つや江

（両手で丸い形をつくり、左右にゆれます）

まつ ぼっ くりが あっ た と さ

（両手を下から上げて山の形をつくり、左右にゆれます）

た かい おやまに あっ た と さ

（グーにした両手を交互にまわします）

ころころ ころころ あっ た と さ

（手を交互に動かして、サルのポーズをします）（両手を前に出します）（両手を口のところへ持っていきます）

お さる が ひろって たべたとさ

★定番の手あそびです。最後は友だちや保育者とジャンケンをします。

げんこつやまのたぬきさん

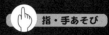
指・手あそび

わらべうた

（おっぱいを飲む真似をします）

（グーにした両手を打ち合います）

げん　こ　つや　まの　　た　ぬき　さん　　おっ　ぱ　いの　んで

（寝る真似をします）

（抱っこをする真似をします）

（おんぶをする真似をします）

（グーにした両手を交互にまわします）

（ジャンケンをします）

ね　んね　して　　だっ　こし　ておん　ぶし　て　ま　たあ　した

アドバイス

最後のジャンケンの替わりに、バイバイをしてもいいでしょう。

★右手を魔法のつえ、左手を小人に見立てて、魔法をかける真似をするあそびです。

まほうのつえ

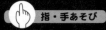 指・手あそび

作詞：まどみちお／作曲：渡辺 茂

1番 （右手の人さし指を上下に4回動かします）　（左手を開いて左右に4回ふります）

1.2.ま ほ う の　つ え で す よ　ご に ん の

2番 （ **1番** と同じ）　（左手をにぎり、左右に4回ふります）

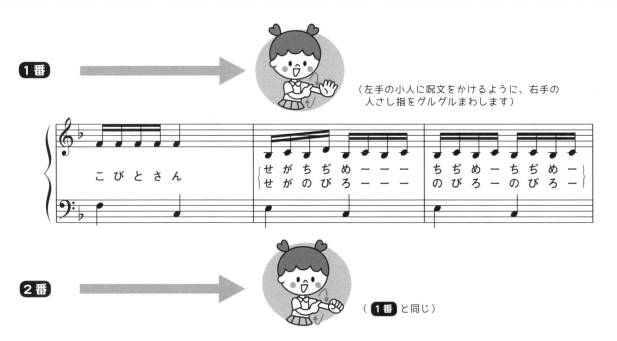

1番 （左手の小人に呪文をかけるように、右手の人さし指をグルグルまわします）

こ び と さん

せ が ち ぢ め ー ー ー　ち ぢ め ー ち ぢ め ー
せ が の び ろ ー ー ー　の び ろ ー の び ろ ー

2番 （ **1番** と同じ）

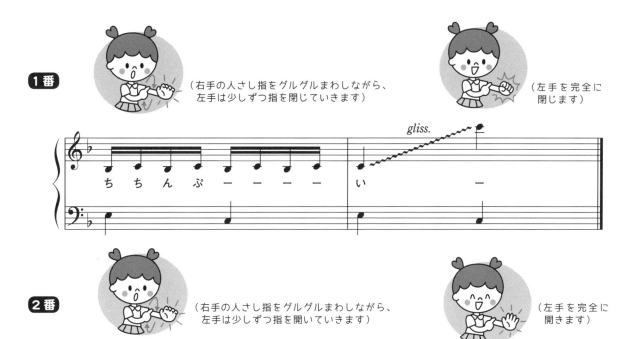

1番 （右手の人さし指をグルグルまわしながら、左手は少しずつ指を閉じていきます）

（左手を完全に閉じます）

ち　ち　ん　ぷ　ー　ー　ー　ー　　　い　　　ー

2番 （右手の人さし指をグルグルまわしながら、左手は少しずつ指を開いていきます）

（左手を完全に開きます）

アドバイス

1番 の「♪せがちぢめ…ちちんぷい」のところは、少しずつしゃがみながら行ってもおもしろいでしょう。またその場合、**2番** はしゃがんだ状態から「♪せがのびろ…ちちんぷい」で、少しずつ立ち上がっていくといいでしょう。

★「いもほり」の楽しさを盛り上げるあそびです。

やきいもグーチーパー

指・手あそび

作詞：坂田寛夫／作曲：山本直純

（お腹をおさえます）　　（グーにした両手を前に出します）

（グーにした両手を左右に
ふります）

や　きい　もや　きい　も　お　なか　がグー

（チョキにした両手を前に
出します）

（グーとパーを交互にして、上下反対に動かします）

ほ　かほ　かほ　かほ　か　あ　ちち　のチー

（パーにした両手を前に
出します）

（食べる真似をします）

| た | べ た | ら な | く な | る | な | ん に | も パー | そ | れ |

（4回手をたたきます）

| や | き い | も ま | と め | て | グー | チー | パー |

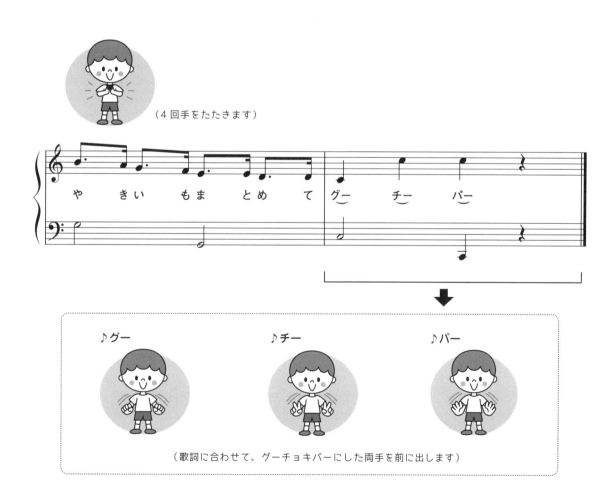

♪グー　　　　　♪チー　　　　　♪パー

（歌詞に合わせて、グーチョキパーにした両手を前に出します）

★「パタパタ」「モリモリ」「フリフリ」などの擬音に合わせて、楽しく体を動かします。

ワニのかぞく

指・手あそび

作詞：上坪マヤ／作曲：峯 陽

1~4番

（手を大きく開きます）

（たたきます）

1. ワ　ニ　の
2. ワ　ニ　の
3. ワ　ニ　の
4. ワ　ニ　の
5. ワ　ニ　の

おと　か　に　さん　さん　さん
おおおおね　あ　うあいえ　ちゃ

ワ　ニ　の
ワワワ　ニ　のの
ワワ　ニ　のの

5番

（人さし指同士を開きます）

（つけます）

1~4番

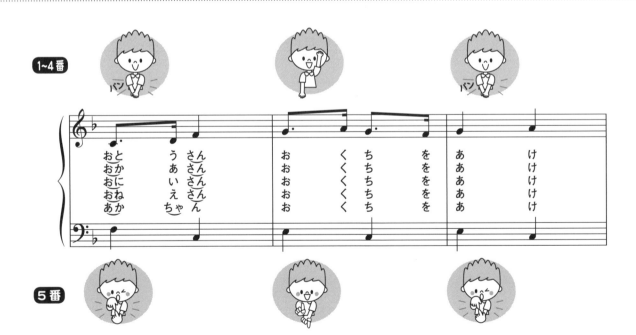

おと　か　に
おおおおね　あ

さん　さん　さん
うあいえ　ちゃ

おおおお

ちちちち
くくくく

ををを
ちち
を

あああ　あ
けけけけ
け

5番

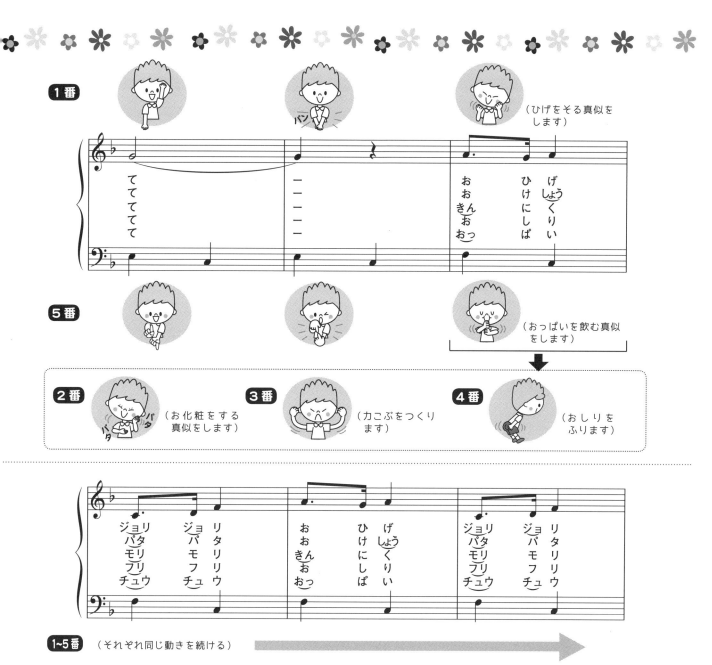

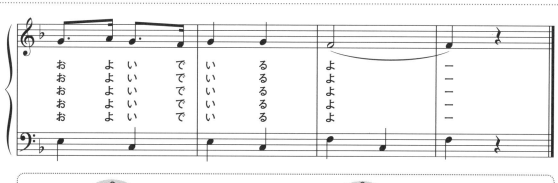

★歌いながら、自分の肩をトントンたたきます。

肩たたきのうた

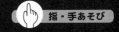
指・手あそび

作詞：横笛太郎／作曲：寺原伸夫

1. みぎてを にぎって まえにだし ひだりの
2. ひだりてを にぎって まえにだし みーぎの　　かたを
3. りょうてを にぎって まえにだし さゆうの

1番

（右手をにぎって前に出します）

（にぎった右手を左
の肩に置きます）

2番

（左手をにぎって前に出します）

（にぎった左手を右
の肩に置きます）

3番

（両手をにぎって前に出します）

（にぎった両手を交互
の肩に置きます）

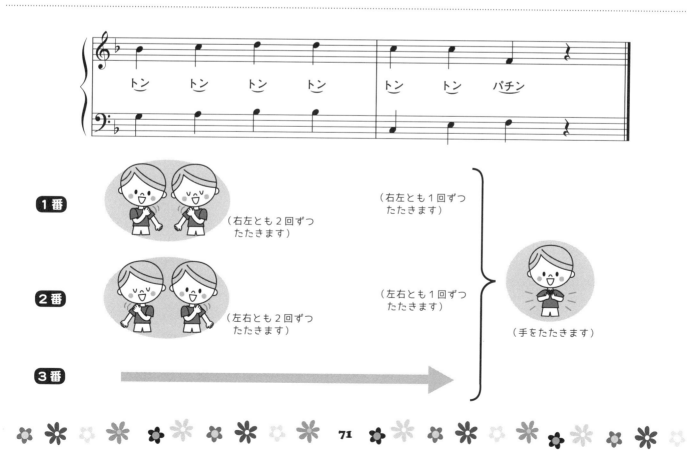

★おいもを掘って食べるまでを全身で表現するあそびです。

石焼きいも

作詞／作曲：多志賀 明

指・手あそび

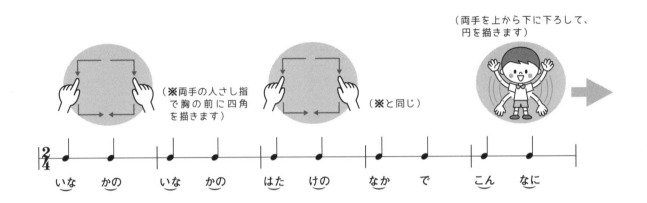

（両手を上から下に下ろして、円を描きます）

（※両手の人さし指で胸の前に四角を描きます）

（※と同じ）

| いな | かの | いな | かの | はた | けの | なか | で | こん | なに |

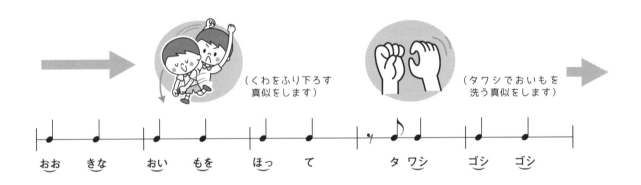

（くわをふり下ろす真似をします）

（タワシでおいもを洗う真似をします）

| おお | きな | おい | もを | ほっ | て | タ ワシ | ゴシ | ゴシ |

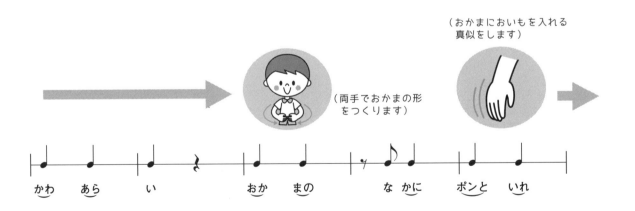

（おかまにおいもを入れる真似をします）

（両手でおかまの形をつくります）

| かわ | あら | い | おか | まの | な かに | ポンと | いれ |

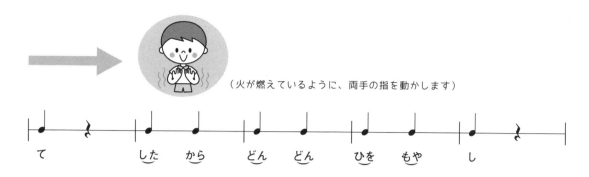

（火が燃えているように、両手の指を動かします）

て　　　　した　から　どん　どん　ひを　もや　し

（皮をむく真似をします）

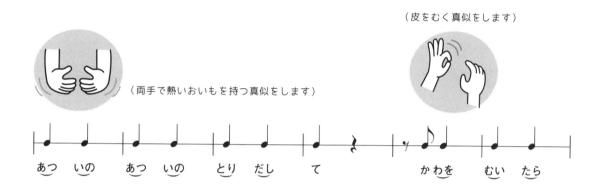

（両手で熱いおいもを持つ真似をします）

あつ　いの　あつ　いの　とり　だし　て　　　かわを　むい　たら

（息を吹きかける真似をします）

（おいもを食べる真似をします）

フ　ー　フー　　パク　リン　コ　と　たべ　ちゃっ　た

アドバイス

おいも掘りの行事の前などに歌うと、気分が盛り上がるでしょう。

みんなで歯みがき

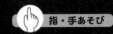
指・手あそび

作詞／作曲：井上明美

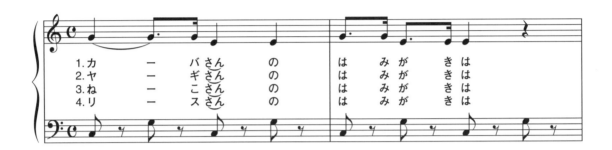

1.カ ー バ さん の は み が き は は
2.ヤ ー ギ さん の は み が き は は
3.ね ー こ さん の は み が き は は
4.リ ー ス さん の は み が き は は

1番

（右手を開いたり閉じたりして、カバの口を表します）

2番

（人さし指でヤギの角をつくって、左右にゆれます）

3番

（両手の３本の指でねこのひげをつくって、左右にゆれます）

4番

（右手を体の後ろで左右にふって、リスのしっぽを表します）

共通　（右手を左右に動かして、歯みがきの真似をします）

共通

（うがいをする真似をします）

共通　（両手をほおにあて、うれしい顔をします）

★お腹が減ることを楽しく表現した手あそびです。

おなかのへるうた

作詞：阪田寛夫／作曲：大中 恩

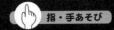
指・手あそび

共通

（左右にゆれながら、両手でお腹を軽く4回たたきます）

1.ど　うして　お　な　か　が　へ　る　の　か　な　な
2.ど　うして　お　な　か　が　へ　る　の　か　な　な

1番

（両手の人さし指を交互に
打ち合います）

（※左右にゆれながら、両手で
お腹を軽く2回たたきます）

けん　か　を　す　る　と　へ　る　の　か　か　な　な
お　やつ　を　た　べない　と　へ　る　の　か　か　な　な

2番

（片手の人さし指と中指を
スプーンに見立てて、食
べる真似をします）

（※と同じ）

（両手を口の横にあてて、
お母さんを呼ぶ真似をします）

共通

（両手で大きな丸を
描きます）

（※と同じ）

| な | かよ | し | てて | も | へ | るも | ん | な | ー | | か | あちゃん |
| い | ーく | ら | べて | も | へ | るも | ん | な | ー | | | |

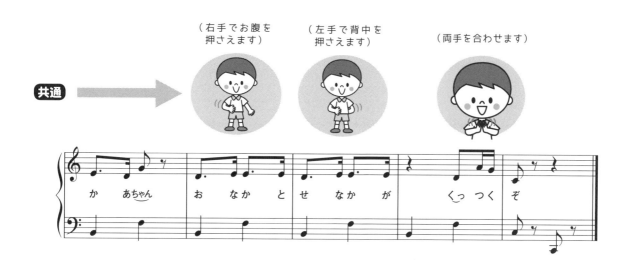

共通

（右手でお腹を
押さえます）

（左手で背中を
押さえます）

（両手を合わせます）

| か | あちゃん | お | なか | と | せ | なか | が | くっつく | ぞ |

★コアラがユーカリの木を登ったり下りたりするイメージの歌あそびです。

のぼるよコアラ

指・手あそび

作詞／作曲：多志賀 明

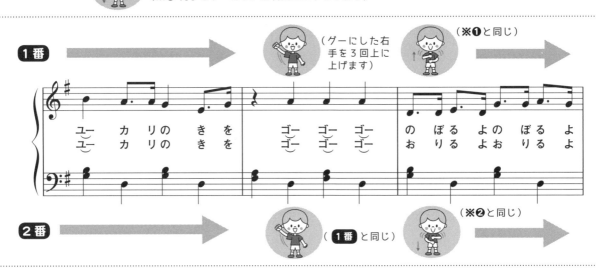

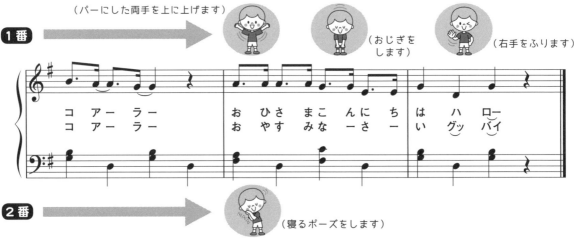

いっぽんばしコチョコチョ

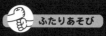
ふたりあそび

わらべうた

（子どもの手のひら
を、人さし指でな
でます）

（手のひらをくす
ぐります）

（手の甲を軽くた
たき、ばんそう
こうを貼る真似
をします）

いっ ぽん ば し

コ チョコチョ

ばん そ こ はっ て

（手の甲を軽く
つねります）

（手の甲をやさしく
なでます）

（手のひらを軽く
たたきます）

つ ねっ て

なー で て

ポン

アドバイス

歌詞の「♪ いっぽんばし」のところを、「♪ にほんばし」「♪ さんぼんばし」…などに替えて、
２本の指、３本の指…と、くすぐる指の本数を増やしてもいいでしょう。

おざしきはいて

わらべうた

ふたりあそび

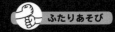

（両手のひらを軽くたたきます）

（子どもの両手のひらを指で触ります）

お ざ し き 　 は い て 　 お ふ と ん

（子どもの両手の親指を、やさしく寝かせるように折り曲げます）

（人さし指をゆっくり折り曲げていきます）

し　て　　（おとうさんがねました）　　（おかあさんがねました）

（中指をゆっくり折り曲げていきます）

（薬指をゆっくり折り曲げていきます）

（小指をゆっくり折り曲げていきます）

（おにいさんがねました）　　（おねえさんがねました）　　（そしてあかちゃんもねました）

てんぐの鼻

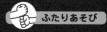
ふたりあそび

作詞／作曲：井上明美

（両手をグーにして8回たたきます）

て　　て　　て　　て　　て　ん　ぐ　さ　ん

（両手のグーを鼻にあて、てんぐの鼻に見立てます）

て　　ん　ぐ　の　は　な　が　くっ　つ　い　た

❗ 「♪いちに ホイッ！」のところでは、てんぐの鼻をおでこ、あご、右ほっぺ、左ほっぺのいずれかに動かします。親分と同じ動きにならないようにします。

こ　ん　ど　は　ど　こ　だ　い　ち　に　ホイッ！

い　ち　に　ホイッ！　い　ち　に　ホイッ！

❗ 3回の「♪いちに ホイッ！」のうち、子分は1回でも親分と同じ動きになってしまったら、子分のままで、1回も同じ動きにならなかったら、親分と子分を交替して、あそびをくりかえします。

なにがなんだか

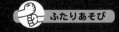
ふたりあそび

作詞／作曲：新沢としひこ

1番

（※向かい合い、グーにした両手を交互にまわします）

（抱きしめ合います）

1.2. な　に が なんだかわ　からないけど　｛だっ　こ で ギュー／タッ　チ で ホイ｝

2番

（※と同じ）

（両手でハイタッチをします）

1,2番　（1〜2小節の動きをくりかえします）
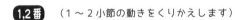

な　に が なんだかわ　からないけど　｛だっ　こ で ギュー／タッ　チ で ホイ｝

アドバイス

「♪だっこでギュー」や「♪タッチでホイ」は、いろいろアレンジして楽しみましょう。

♪おなかでドン

♪おしりでポン

♪ほっぺにチュッ

82

★親子や、保育者と子どもとのスキンシップを図れる歌あそびです。

やおやのつねこさん

ふたりあそび

わらべうた

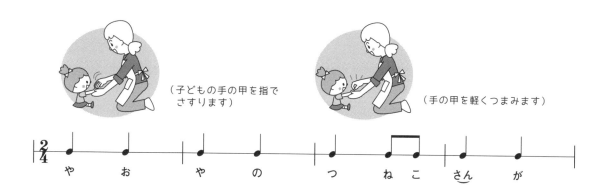

（子どもの手の甲を指で
さすります）

（手の甲を軽くつまみます）

$\frac{2}{4}$ や　お　や　の　つ　ね　こ　さん　が

（人さし指と中指で、
子どもの腕を登って
いきます）

（両脇の下をくすぐります）

か　い　だ　ん　の　ぼ　っ　て　こ　ちょ　こ　ちょ

★パン屋さんとお客さんになって、体のいろいろなところを触り合います。

パンやさんにおかいもの

ふたりあそび

作詞：佐倉智子／作曲：おざわたつゆき

1番

（※ふたりで向かい合い、自分のまわりを1周します）

1番

（リズムに合わせて手をたたきます）

（お客さんはパン屋さんのほっぺを両手でつかみます）

1. パン パン パン やさん に おかい もの
2. ホイ ホイ たくさん まいど あり

サン ドイッ チ に

（パン屋さんの両目をアッカンベーします）

（パン屋さんの鼻をつまんでねじります）

（パン屋さんの両耳を引っ張ります）

1番

メ ロン パン ねじ りドー ナツ パンの みみ

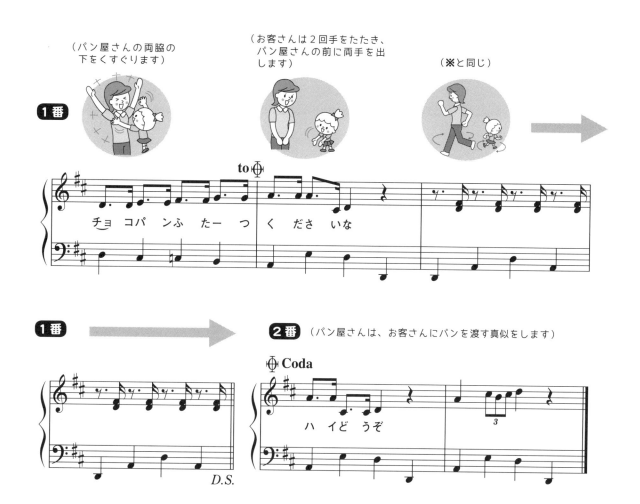

1番（パン屋さんの両脇の下をくすぐります）

（お客さんは2回手をたたき、パン屋さんの前に両手を出します）

（※と同じ）

to ⊕

チョ コ パ ン ふ た ー つ く だ さ い な

1番 ⟶ **2番**（パン屋さんは、お客さんにパンを渡す真似をします）

D.S.

⊕ Coda

ハ イ ど う ぞ

! 2番 はパン屋さんがお客さんになって、 **1番** と同じ動作を行います。

★表情豊かに、親子や、保育者と子どもなどで楽しめる歌あそびです。

子どもと子どもがけんかして

ふたりあそび

わらべうた

（※ふたりで向かい合って両手をつなぎ、左右の手を交互に引っ張り合います）

こ ど も と こ ど も が け ん か し て

（互いの肩に両手を置いて、一周まわります）

く すり や さん が と めた け ど

（※と同じ）

な かな か な かな か と まら な い

（背中合わせになって、
怒った真似をします）

（両手で頭とお腹を2回ずつたたきます）

ひ　と　た　ちゃ　わ　ら　う　　お　や

（おしりを2回合わせます）

た　ちゃ　お　こ　る　　プン　　プン

親子、保育者と子ども以外に、子ども同士で行っても楽しいでしょう。

あくしゅでこんにちは

作詞：まどみちお／作曲：渡辺 茂

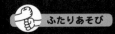
ふたりあそび

1.て く て く　て く て く　あ る い て　き て
2.も にゃ も にゃ　も にゃ も にゃ　お は な し　し て

1番	
	（ふたりが向かい合い、少し離れたところから歩いて近づきます）

2番	
	（両手を口もとにあて、指先をつぼめたり開いたりします）

共通

（握手をします）　　　　　　（手をつないだまま、おじぎをします）

あ　く　しゅ で で　こん に う な　は ら
あ　　　しゅ　　　さよ　ちな

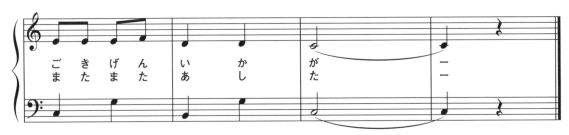

ご き げ ん　い か し　が た　ー ー
ま た ま た　あ

1番	
	（お互いの肩を両手で7回たたきます）

2番	
	（両手を上でふりながら、後ろへ下がっていきます）

★ふたりが向かい合って、歌いながら体をつついたり、くすぐり合ったりします。

かってもまけても

作詞／作曲：町田浩志

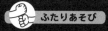
ふたりあそび

共通

（ふたりで向かい合い、4回手をたたきます）

（声を合わせてジャンケンをします）

（※相手の肩に両手を乗せます）

1.～4. むか─いあったら　ジャンケン ポン　かって もまけて も

共通

（※と同じ）

トン　トン　トン
つん　つん　つん
コチョ　コチョ　コチョ
ぎゅっ　ぎゅっ　ぎゅっ

かって もまけて も

トン　トン　トン
つん　つん　つん
コチョ　コチョ　コチョ
ぎゅっ　ぎゅっ　ぎゅっ

↓　↓

1番 ♪トントントン
（肩を軽くたたきます）

2番 ♪つんつんつん
（人さし指で相手の体を
つんつんつつきます）

3番 ♪コチョコチョコチョ
（お互いにくすぐり合い
ます）

4番 ♪ぎゅっぎゅっぎゅっ
（お互いにぎゅっと抱き合い
ます）

★最後にジャンケンをして、負けた人が手であんころもちを作り、勝った人が食べる真似をします。

さよならあんころもち

わらべうた

ふたりあそび

! はじめに、ふたりが向かい合って座ります。

（※❶ 右手で自分の
左の手のひらを
たたきます）　　（※❷ 右手で相手の
左の手のひらを
たたきます）　　（※❶と同じ）　　（※❷と同じ）

さ　よ　な　ら　　あん　こ　ろ　も　ち

（※❶と同じ）　　（※❷と同じ）　　（ジャンケンをして、負けた人は両手であんころ
もちの形を作り、勝った人はそれを食べる真似
をします）

ま　た　き　な　　こ

🌸 アドバイス 🌷

最後にジャンケンをした後、勝った人は負けた人をくすぐるようにしてもいいでしょう。

★ふたりで交互に指を動かして、しゃくとり虫の動きを楽しく表現します。

しゃくとり虫

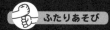 ふたりあそび

作詞／作曲：井上明美

あそびかた

はじめにふたりが向かい合って、親指と人さし指を伸ばし、絵のようにAちゃんの人さし指とBちゃんの親指をつけます。

Aちゃん　Bちゃん

❗ Bちゃんの指はそのままで、Aちゃんはリズムに合わせて絵のように指を動かします。

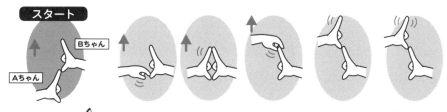

（Aちゃんは人さし指を3回ゆらします）

しゃくとりむ　し　しゃくとりむ　し　ど　こ　い　く　の

❗ Aちゃんの指はそのままで、Bちゃんはリズムに合わせて絵のように指を動かします。

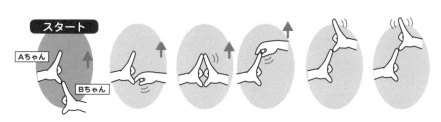

（Bちゃんは人さし指を3回ゆらします）

しゃくとりむ　し　しゃくとりむ　し　ど　こ　ま　で　も

★ふたりで呼吸を合わせながら、最後にグーの手を交互に重ねます。

つくしの子

作詞／作曲：谷口國博

ふたりあそび

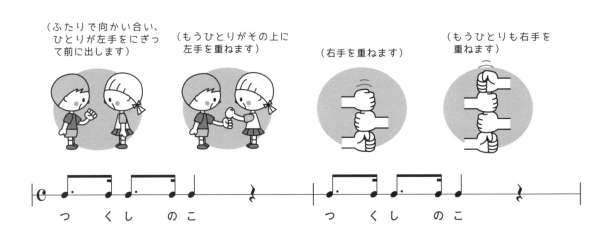

（ふたりで向かい合い、ひとりが左手をにぎって前に出します）

（もうひとりがその上に左手を重ねます）

（右手を重ねます）

（もうひとりも右手を重ねます）

つ　く し　の こ　　　　つ　く し　の こ

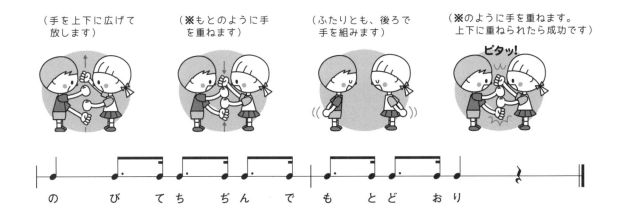

（手を上下に広げて放します）

（※もとのように手を重ねます）

（ふたりとも、後ろで手を組みます）

（※のように手を重ねます。上下に重ねられたら成功です）

ピタッ!

の　び て ち ぢん・で　も　と ど　お り

アドバイス

しっぱいだっ！

バシッ! いたた…

ゆっくりのテンポから、少しずつテンポアップしてやってみましょう。

 ★歌いながらお腹をトントンたたいたり、友だちをコチョコチョくすぐったりします。

トントン コチョコチョ

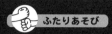 ふたりあそび

作詞／作曲：浅野ななみ

1番 （向かい合って、グーにした手でお腹を交互にたたきます）

1. お なん か を
2. あ ん よ を

トン　トン　トン

2番 （両手を腰にあて、足踏みをします）

（自分のまわりを一周します）

（お互いの体をくすぐります）

共通

ぐ るっと まわって　コ　チョコ　チョ

ひっぱりっこ

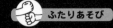

ふたりあそび

作詞／作曲：田中昭子

（※❶ ふたりで向かい合って右手をつなぎ、右足を前に出します。ひとりがゆっくり手を引っ張ります）

（※❷ もうひとりが、ゆっくり手を引っ張ります）

ひっ ぱりっ こ ひっ ぱりっ こ ｜ ぎゅっ ぎゅっ ぎゅー ｜ まける な まける な

（※❶と同じ）

ぎゅっ ぎゅっ ぎゅー ｜ ど ちら がつ よい か ｜ ぎゅっ ぎゅっ ぎゅー

（※❷と同じ）

（お互いに手を引っ張り合い、足が動いた方の負けです）

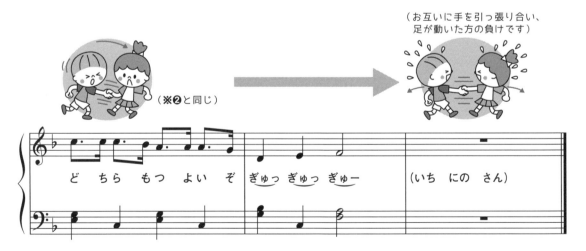

ど ちら もつ よい ぞ ｜ ぎゅっ ぎゅっ ぎゅー ｜ （いち にの さん）

むしばのトンカチ

作詞／作曲：谷口國博

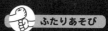
ふたりあそび

（グーにした右手を互いに手が触れない
ように、出したり引いたりします）

（※グーにした右手を前に出し
て、交互にたたき合います）

むしばのトンカチ　カーッ　チン　むしばのノコギリ

（※と同じ）

ギーコギコ　はみがきされると　こまるんだ

グル
グル

（互いの手がぶつからないように、時計と反対まわりに手をまわします）

ぼーくのからだが　とけていく

お寺の和尚さん

わらべうた

ふたりあそび

❗ はじめに、ふたりが向かい合って座ります。

（両手をつないで3回ゆらします）

（両手をつないだまま交差して3回ゆらします）

せっ　せっ　せーの　よい　よい　よい

（♪のリズムごとに、「右手で自分の左の手のひらをたたく」→「右手で相手の左の手のひらをたたく」をくり返します）

おてらの　おしょう　さんが　かぼ

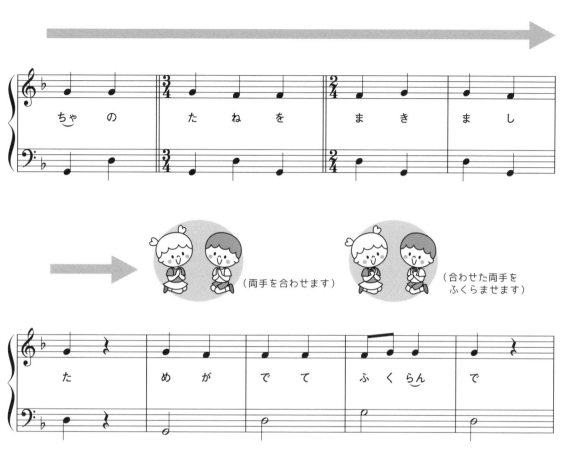

(両手を合わせます)　(合わせた両手を
ふくらませます)

(グーにした両手を交互に
まわします)　(ジャンケンをします)

(手首をつけたまま、指を広げます)

🌷 アドバイス 🌷

最後にジャンケンをした後、勝った人は負けた人をくすぐるようにしてもいいでしょう。

★洗濯をする様子を、ふたりが向かい合って表現する歌あそびです。

せんたくじゃぶじゃぶ

ふたりあそび

作詞／作曲：不詳

1番

（両手をつなぎ、左右交互に引っ張り合います）

2番

（両手をつなぎ、左右にふります）

3番

（両手を開いたり閉じたりします）

4番

（ひとりが両手を横に広げ、もうひとりは両手を上から下に下げ、洗濯物を干す
真似をします）

（その場で手をたたきながら足踏みしてまわります）

（歌が終わったら両手を上げ、右足を前に出して
　ポーズをとります）

共通

★時計に興味を持たせる歌あそびです。

とけいのうた

作詞：筒井敬介／作曲：村上太朗

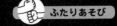 ふたりあそび

（※❶　両手を前に出して
左右にふります）

（※❷　3回両手をたたき合います）

（※❶と同じ）

共通

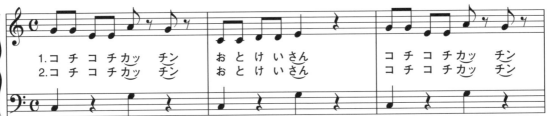

1.コ チ コ チ カッ　　チン
2.コ チ コ チ カッ　　チン

お と け い さん
お と け い さん

コ チ コ チ カッ　　チン
コ チ コ チ カッ　　チン

（※❷と同じ）

（頭の上で両手を合わせてしゃがみます）

1番

う ご い て る
う ご い て る

こ　　ど も　　の
こ　　ど も　　が

は　　り　　と
ピョ　コ　　リ

2番

（※❷と同じ）

（**1番**のポーズでジャンプします）

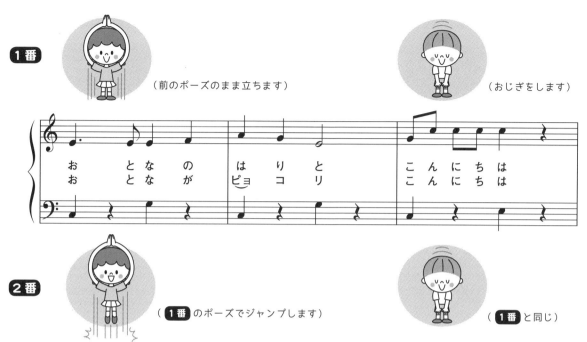

1番
（前のポーズのまま立ちます）
（おじぎをします）

おとなの　はりと　こんにちは
おとなが　ピョコリ　こんにちは

2番
（**1番**のポーズでジャンプします）
（**1番**と同じ）

（※❸ 両手をふります）
（※❶と同じ）
（※❸と同じ）

共通

さようなら　コチコチカッチン　さようなら
さようなら　コチコチカッチン　さようなら

★いろいろな友だちと、ふたり組になって触れ合って楽しみます。

ふたり組

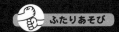
ふたりあそび

作詞／作曲：不詳

1番
（手をふりながら歩いて友だちを探し、ふたり組になります）

2番
（片手をつないでひとまわりして、両手をつなぎます）

3番
（両手をつないでまわり、背中を合わせます）

4番
（背中合わせのまま横に歩きます）

5番
（背中合わせで手をつないだまま、座ります）

6番
（交互に相手の背中に乗ります）

7番
（手をつないで背中合わせのまま立ちます）

8番
（交互に背中に乗ります）

9番
（手を放して、おしりをドン！）

10番
（ピョンピョン跳びます）

11番
（手をふります）

❗ さよならしたら、また **1番** に戻り、別の相手を探します。

★おじいさんのいる山小屋に、うさぎが逃げ込む様子を表現します。

山小屋いっけん

作詞：志摩 桂／外国曲

身体あそび

1番

（両手で家の屋根の形をつくります）

（窓から遠くをながめる真似をします）

1. やまごやいっけん　ありました　まどからみているりょうしのてっぽう　おじいさんこわいんです
2. たすけてたすけて　おじいさん

2番

（両手を上げて助けを求める真似をします）

（鉄砲を撃つ真似をします）

1番

（人さし指と中指を立て、うさぎに見立てて動かします）

（両腕を動かして、走って逃げる真似をします）

かわいいうさぎが　ピョンピョンピョン　こちらへにげてき　たよ
さあさあはやく　おはいんなさい　もうだいじょうぶだ

2番

（手招きをします）

（うさぎを抱いてなでる真似をします）

★歌詞に出てくる擬音に合わせて、手を動かしたりたたいたりします。

キャベツはキャッキャッキャッ

　身体あそび

作詞／作曲：不詳

（両手をグーにして前に出します）

（両手を開いたり閉じたりします）

（両手でタオルをしぼる真似をします）

キャベツは　キャッキャッキャッ　キュウリは　キュッキュッキュッ

（グーにした両手を打ち合わせます）

（グーにした右手で頭を3回たたきます）

トマトは　トントントン　レンコンは　コンコンコン

（シンバルのように、手のひらを上下に打ち合わせます）

（忍者のポーズをします）

レタスは　パリパリパリ　にんじんは　ニンニンニン

（次ページに続く）➡

（横笛を吹く真似をします）

（両手を上と下に伸ばします）

ピー　マン　　ピッ ピッ ピッ　　ご ぼ う は　　ヒョロ ヒョロ ヒョロ

（片足ずつ出し、両手で下から上へ
　なでるように上げていきます）

（わからないというしぐさをします）

だ い こ ん　　ニョッ キン ニョッ キン　　サニー レ タス は　　サー　　ニー

（蹴る真似をします）

（両手でピースをします）

し い た け　　ケッ ケッ ケッ　　グリーン ピー ス は　　ピース ピース ピース

（両手でかぼちゃの形をつくります）

（両手のグーを、広げながらパーにします）

かぼちゃは　ボッチャンボッチャン　アスパラガスは　アッパラパー

（泣く真似をします）

（両手の指をゆっくり動かします）

（となりの人をくすぐります）

たまねぎ　エンエンエン　モヤシは　モジャモジャ

★横断歩道のルールを楽しく覚えます。

右見てハイ！

身体あそび

作詞／作曲：多志賀 明

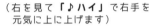

（右を見て「♪ハイ」で右手を元気に上に上げます）

（左を見て「♪ハイ」で左手を元気に上に上げます）

（右手を上に上げ、右方向を確認するように見ます）

みぎみてハイ　ひだりみ てハイ　も いちどみ ぎみて

（右手を上げたまま足踏みします）

た しか めて　そ れから わ たろう　お うだ んほ ど

（※ 足踏みしながら自分のまわりをひとまわりします）

う　　　　　　　ふ　ざ　け　て　あ　る　く　の　と　っ　て　も　き　けん

Fine

（足踏みしながら、※と反対にまわります）

きゅう　な　と　び　だ　し　　な　お　き　け　　ん

D.C.

床に白いビニールテープなどで横断歩道のラインを作り、この歌を歌った後に横断歩
道を渡る擬似体験をすると、渡る際のルールをより楽しく学べるでしょう。

★ピーマンやにんじん嫌いな子も、食べられるようになるかもしれない歌あそびです。

なんでも食べて元気な子

身体あそび

作詞／作曲：小田原短大幼音グループ

1番

（※❶ 自分をさします）（※❷ ピーマンの 形をつくります）（片手をふります）（右の耳に手を あてます）（左の耳に手を あてます）

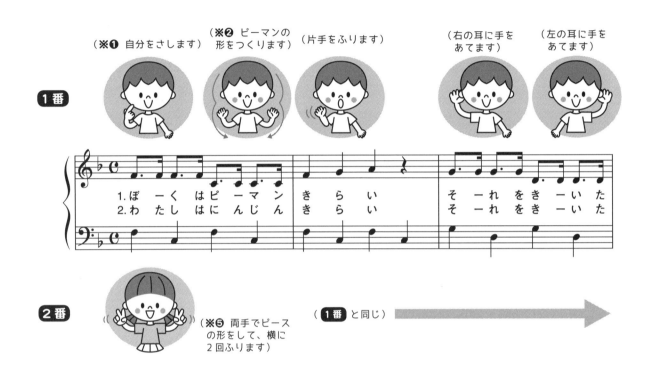

1. ぼ ー く は ピ ー マ ン　き ら い　　そ ー れ を き ー い た
2. わ た し は に ん じ ん　き ら い　　そ ー れ を き ー い た

2番

（※❺ 両手でピース の形をして、横に 2回ふります）（**1番** と同じ）

共通

（バイキンポーズをします）（※❸ お腹をおさえます）（※❹ バタバタ足を動かします）

バ イ キ ン くん　　お な か に は いって　お お さ わ ぎ
バ イ キ ン くん　　お な か に は いって　お お さ わ ぎ

110

★おにの強いパンツを、歌いながら手あそびで表現します。

おにのパンツ

身体あそび

作詞：不詳／作曲：L.Denza

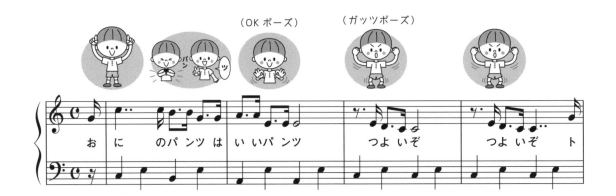

（OKポーズ）　（ガッツポーズ）

お　に　のパンツは　い　いパンツ　　つよ　いぞ　　つよ　いぞ　ト

（爪を立てる真似をします）

ラ　　のけ　がわで　で　きて　いる　　つよ　いぞ　　つよ　いぞ　ご

（パンツをはく
真似をします）　　　　　　（片手をふり
　　　　　　　　　　　　　ます）

ねん　　は　いて　も　や　ぶれ　ない　　つよ　いぞ　　つよ　いぞ　じゅう

ねん　　　はいても　やぶれ ない　　つよ いぞ　　　つよ いぞ

（くりかえし）

は こう　は こう お　に のパン ツ　　は こう　は こう お　に のパン ツ あなた

も わた しも あなた　も わた しも　　みんなではこう お　に のパン ツ

アドバイス

いろいろな動物にアレンジしてみましょう。

♪うさぎのパンツは いいパンツ　しなやか しなやか
うさぎのけがわでできている　しなやか しなやか
ごねんはいてもやわらかい　しなやか しなやか
じゅうねんはいてもやわらかい　しなやか しなやか

♪ゴリラのパンツは いいパンツ　ゴワゴワ ゴワゴワ
ゴリラのけがわでできている　ゴワゴワ ゴワゴワ
ごねんはいてもかたいぞ　ゴワゴワ ゴワゴワ
じゅうねんはいてもかたいぞ　ゴワゴワ ゴワゴワ

さあ みんなで

身体あそび

作詞／作曲：浅野ななみ

❗ はじめる前に、子どもたちは輪になったり、何列かになって座り、手をつなぎます。

（※リズムに合わせて手をゆらします）

さあ みん なで みん なで あつ まろ う

（左どなりの人の肩をたたきます）

お と なり さん の かた た た こう

（左どなりの人のひざをたたきます）

お と なり さん の ひざ た た こう

（※と同じ動き）

（「♪とんとんとんとんとん」
のところで、となりの人と
3回手をたたき合います）

いっ　しょ　に　とん とん とん とん　とん　さあ

（※と同じ動き）

みん　なで　みん　なで　あ つ ま ろ　う

アドバイス

★「♪かたたたこう」「♪ひざたたこう」のところは、「♪みみさわろう」「♪あたまなでよう」
　など、別の言葉と動作に替えてもいいでしょう。
★子どもたちを集めて、何かをする前の歌あそびに向いています。

★忍者になったつもりで、歌いながらシャカシャカ走ったり、忍び足をしたりします。

にんにんにんじゃ

作詞／作曲：井戸和秀

 身体あそび

（忍者のポーズをします）

（※❶ 足音を立てないように、忍び足で歩きます）

にん　にん　にん　にん　　に　ん　じゃ　　ソーッと　　ソーッと

（※❷ 小さい歩幅で速く歩きます）

（※❸ 大きい歩幅で走ります）

（※❷と同じ）

（※❸と同じ）

（※❷と同じ）

さ　さ　さ　さ　さ　さ　　シャカシャカシャカシャカ サ サ サ サ　　シャカシャカシャカシャカ サ サ サ サ

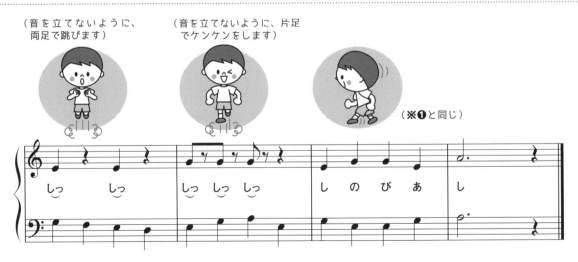

（音を立てないように、両足で跳びます）

（音を立てないように、片足でケンケンをします）

（※❶と同じ）

しっ　　しっ　　しっ しっ しっ　　し　の　び　あ　　し

ごちゃごちゃ

身体あそび

作詞／作曲：不詳

❗ はじめる前に、子どもたちは輪になって手をつなぎます。

（手をつないだまま、その場で8回足踏みします）

（手を放して、その場で1回まわります。○のところは、保育者が子どもの名前を呼びます）

（呼ばれた子ども以外は、しゃがみます）

（保育者が聞くと、立っている子どもの両どなりの子どもが立ち上がります）

❗ その後は、保育者が立っている3人のところへ行き、「○ちゃんのとなりにいるのは、□ちゃんと△ちゃんでした」と言って、後ろから子どもの肩に触れながら、名前を言います。

★歌詞に合わせて、体のいろいろな部位を触ります。

あたまかたひざポン

作詞：高田三九三／イギリス民謡

身体あそび

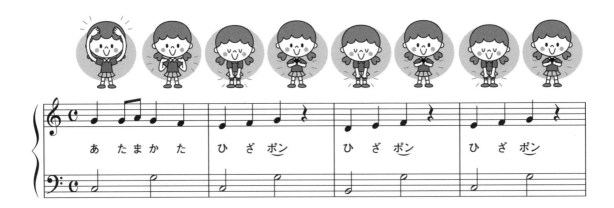

あ た ま か た　ひ ざ ポン　ひ ざ ポン　ひ ざ ポン

♪はな　　♪くち

あ た ま か た　ひ ざ ポン　め　みみ　はな くち

 アドバイス

★ゆっくりのテンポから、少しずつテンポアップしてやってみましょう。
★歌詞の体の部位を「♪ おへそ」「♪ むね」「♪ おしり」…などいろいろアレンジしても
　いいでしょう。

★水たまりに泳ぐカエルや、自分の顔が映っている様子などをユーモラスに表現します。

みずたまり

 身体あそび

作詞／作曲：谷口國博

共通

（人さし指を立てた両手を頭の上から下ろしながら、円を描きます）

1.~3. これっ くらい のみ ず た ま り

共通

キョロ キョロ

（ひじから曲げた両手を指先まで伸ばし、
右左交互に２回ずつ動かします）

（片手をおでこにかざし、反対の手は腰にあて、
リズムに合わせて右左の手を替えます）

えっ うそ や だ ほんと

の ぞい てみ ー るー と えっ う そ や だ

共通

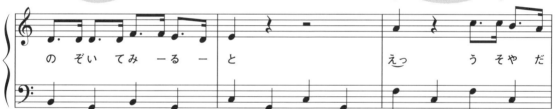

ほ ん と

か える がお よい で る る
ぼく のかお がう つって て る
サー メ がや って く る

1番

（両手を動か
して、平泳
ぎをする
真似をし
ます）

2番

（両手を使っ
ておもし
ろい顔を
します）

3番

（右手を頭の
上にあて、
左手は腰に
あてて、サ
メの真似を
します）

119

★両手を頭や肩、腰などにあてながら、リズムに合わせて腰をふります。

チェッチェッコリ

 身体あそび

作詞：不詳／ガーナ民謡

（両手を頭にあて、腰を右左にふります）

（両手を肩にあて、腰を右左にふります）

（両手を腰にあて、腰を右左にふります）

チェッ　チェッ　コリ　　チェッ　コリ　サ　　リサッ　サマン　ガン

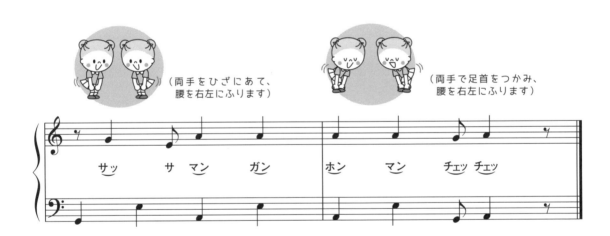

（両手をひざにあて、腰を右左にふります）

（両手で足首をつかみ、腰を右左にふります）

サッ　サマン　ガン　　ホン　マン　チェッ チェッ

 アドバイス

ゆっくりのテンポから、少しずつテンポアップしてやってみましょう。

★童謡をモチーフにした歌あそびで、最後に同じポーズができるかを競います。

雨ふり

作詞：北原白秋／作曲：中山晋平

身体あそび

❗ ふたりひと組になり、向かい合ってあそびます。

❗ 最後の「♪ラン」で同じポーズだったら、ビニールテープなどで床に描いておいた丸の中に入ります。違うポーズだったら相手を替えて、あそびをくりかえします。

★いろいろなものが落ちないように、「♪アッ」のところで両手で受け止めます。

おちたおちた

わらべうた

身体あそび

共通 （保育者が歌います）　　　　　　　→　　　　　（子どもたちが歌います）　　　　　→

〈保育者〉
1.～3. お　　ち　た　　お　ち　た
〈子どもたち〉
な　に　が　　お　ち　た

共通 （保育者が歌います）　　　　　　　　　　　　→　　　（子どもたちが言います）

〈保育者〉
り　　ん　ー　ご　ー　が　　お　　ち　　た
て　　ん　ー　じょ　う　が　　お　　ち　　た
かみ　な　り　さ　ま　が　　お　　ち　　た
〈子どもたち〉
アッ！
アッ！
アッ！

1番
（「♪りんごがおちた」を保育者が歌い、子どもたちは「♪アッ！」のところで、素早くりんごを受け止めるポーズをします）

2番
（「♪てんじょうがおちた」を保育者が歌い、子どもたちは「♪アッ！」のところで、両手を素早く上に上げ、天井を支える真似をします）

3番
（「♪かみなりさまがおちた」を保育者が歌い、子どもたちは「♪アッ！」のところで素早くおへそを隠す真似をします）

アドバイス

歌詞を替え、たとえば「♪いたいいたい」「♪どこがいたい」「♪あたまがいたい　アッ！」と歌って、子どもたちは頭を押さえるなど、いろいろアレンジしてやってみましょう。

★カエルになったつもりで、歌いながら跳びはね、最後にいろいろなカエルに変身します。

へんしんガエル

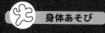
身体あそび

作詞／作曲：井上明美

（子どもたちは、歌いながら保育者のまわりをピョンピョン
　跳びはねます）

カエル がピョンピョン　ピョンピョンピョン　へんしんガエルが

ピョンピョンピョン　どーんなカエルに　なれるかな

（「○○カエル」の部分で、終わりの文字が「カエル」に
なる動作を保育者が言い、そのポーズをします。子ども
たちは保育者のポーズを真似します。
次々あそびをくりかえし、いろいろなポーズをします。）

かんガエル

へんしんガエルが　ピョンピョンピョン　せーの　（○○カエル）

ひっくりカエル

かんガエル

ふりカエル

でんぐりガエル

ねガエル

しょげカエル

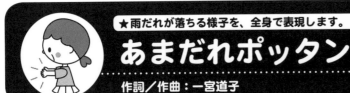

★雨だれが落ちる様子を、全身で表現します。

あまだれポッタン

身体あそび

作詞／作曲：一宮道子

共通

（※❶ 両手を組んで、上を見ながらリズムに合わせて首をふり、ひざをゆらします）

（※❷ 上から少しずつ下ろしながら、4回手をたたきます）

共通

1.2.あ ま だ れ　　ポッ　タン　　ポッ　タン　　タン

（※❷と同じ）

共通

つ ぎ つ ぎ　な ら ん で　ポッ　タン　　タン

1番

（自分のまわりをひとまわりします）

2番

（足踏みしながら、太鼓を打つ真似をします）

共通

（※❶と同じ）

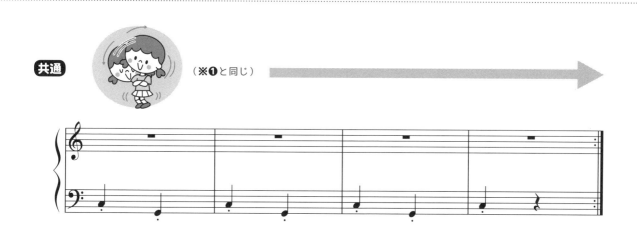

 アドバイス

保育者は、曲の途中でピアノの低音部をたたき、かみなりの音をイメージして、その音が鳴ったら、子どもたちはお腹を押さえて真ん中に集まるようにしてもいいでしょう。

あんよでトントン おててをパチパチ

身体あそび

作詞：不詳／外国曲

> ❗ はじめる前に、子どもたちは輪になるか、何列かになります。

（※❶ 3回手をたたきます）　（手をつないでゆらします）

さ　あおど　りま しょう　お　てて を　つ　な　ぎ

（手をつないだまま 右を向きます）　（左を向きます）　（※❷ 手を放して左右 の手を交差させて、1回まわします）　（※❶と同じ）

あっち むい て　こっち むい て　ぐるっ とまわ りゃ いい の よ

あんよで　トン トン トン　おてて を　パチ パチ パチ

あっち むい て　こっち むい て　ぐるっ と まわ りゃ いい の よ

★食いしん坊なゴリラがいろいろなものを見つけて食べますが…。ユーモラスな歌あそびです。

くいしんぼゴリラのうた

身体あそび

作詞：阿部直美／作曲：おざわたつゆき

 1・2番

（左右の手を入れ替えながら、ゴリラの
ポーズを4回します）

（※❶ 皮をむく
真似をします）

1. くいしんぼなゴリラが	バナナをみつけた	かわむいてかわむいて
2. くいしんぼなゴリラが	レモンをみつけた	かわむいてかわむいて
3. くいしんぼなゴリラが	たまねぎみつけた	かわむいてかわむいて

3番

（ 1番 と同じ動き）

（※❶の動きを
くり返します）

（食べる真似をします） （※❷ ドラミングの真似をします） （両手で弧を描きます）（両手をほおにあてます）

1・2番

1. 2.

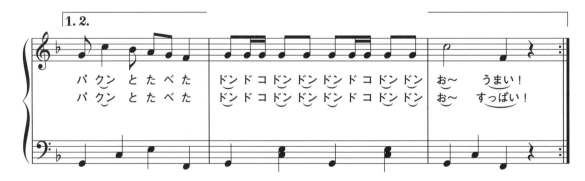

| パクンとたべた | ドンドコドンドンドンドコドンドン | お〜 うまい！ |
| パクンとたべた | ドンドコドンドンドンドコドンドン | お〜 すっぱい！ |

3.

かわむいて　かわむいて　　　かわむいて　かわむいて　　　かわむいて　かわむいて

3番 →

たべるところがなくなった　　　ドンドコドンドンドンドコドンドン　　　え～ん！　え～ん！

3番

（両手をふります）　　（※❷と同じ）　　（泣く真似をします）

ゴリラのポーズをしたり、ドラミングの真似をするところでは、体をゆらしながら行っても
楽しいでしょう。

★「遠足」の楽しさを盛り上げる歌あそびです。

バスごっこ

身体あそび

作詞：香山美子／作曲：湯山 昭

共通

（ハンドルを握って運転する真似をします）

（※❶ 8回手拍子をします）

1.～3. お お が た バ ス に　の っ　て ま す

き っ ぷ を じゅん に
い ろ ん な と こ が
だ ん だ ん み ち が

共通

わ た し て ね で
み え る の の で
わ る い の で

お と な り へ ハイ／ア
よ こ む い た ドン
ご っ つ ん こ

お と な り へ ハイ／ア
う え む い た ドン
ご っ つ ん こ

1番

♪おとなりへ　　　♪ハイ

（両手で両ひざを3回たたきます）　（となりの人のひざを1回たたきます）

2番

♪よこむいた

（横を向きます）

♪うえむいた

（上を向きます）

♪ア

（※❷ 両手を開き、びっくりしたように口を開けます）

3番

♪ごっつんこ　　　♪ドン

（首を左右にふります）　（ひじをはって、となりの人とぶつかります）

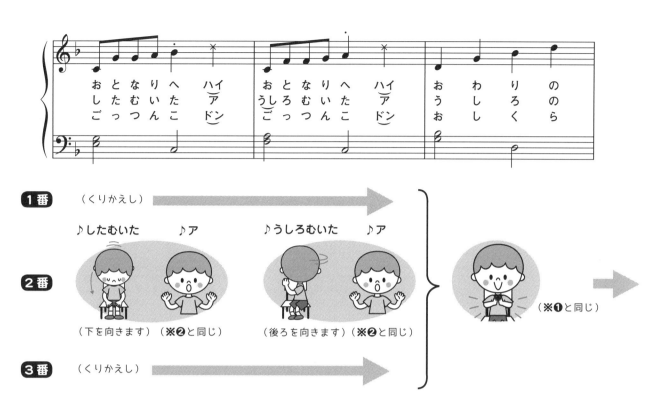

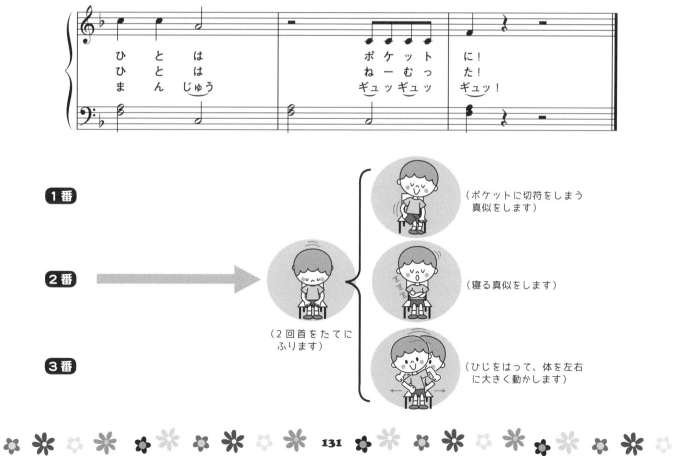

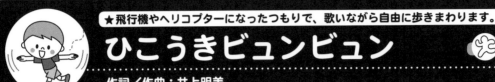

★飛行機やヘリコプターになったつもりで、歌いながら自由に歩きまわります。

ひこうきビュンビュン

 身体あそび

作詞／作曲：井上明美

1番

（※❶ 両手を左右に広げます）

（※❷ 広げた両手を上下に傾けます）

1. ひ こ う き ビュン ビュン つ ば さ を ひろ げ て
2. ヘリ コ プ ター ブン ブン プ ロ ペ ラ まわ し て

2番

（※❹ 両手を上に伸ばし、両手を合わせます）

（※❺ 伸ばした両手を上でグルグルまわします）

1番

（※❸ 両手を交差させて1回まわします）

（※❶と同じ）

ひ ろ い お そ ら を ひ とっ と び
ひ ろ い お そ ら を ひ とっ と び

2番

（※❸と同じ）

（※❹と同じ）

ビュン ブン　ビュン ブン　ビュン ブン　ビュン ブン　ビュン ブン　ビュン ブン　ビュン ブン　ビュン ブン

と　お　く　の　く　に　ま　で　と　ん　で　ゆ　け

※最後の4小節は下記の動きをします。

1番

（※❷の動作をしながら、自由に動きまわります）

2番

（※❺の動作をしながら、自由に動きまわります）

★軽快なメロディと、くりかえし登場する歌詞に合わせて、身体表現を楽しみます。

ホルディリアクック

身体あそび

作詞：不詳／外国曲

（全員が輪になって手をつなぎ、歌いながら
時計と反対まわりにまわります）

さあ みんな で うたおう ララ ラ ラ ラ

ラ ゆか いに うた えーば ここ ろ も はず

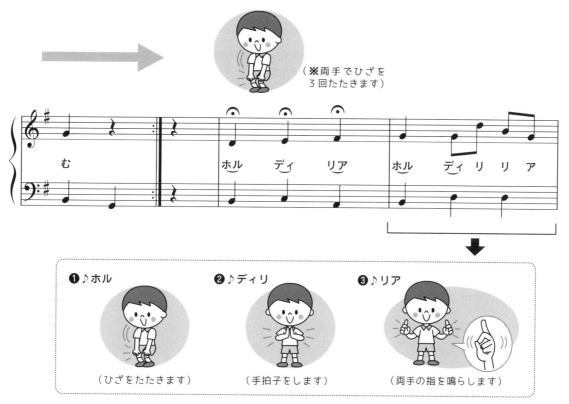

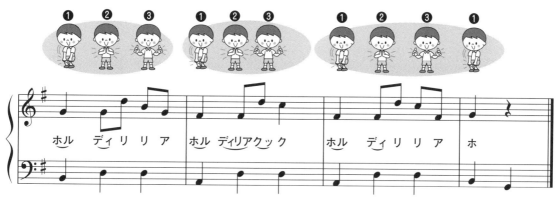

★腰をふったりひざをたたいたり、リズムに合わせて楽しく体を動かします。

にんげんっていいな

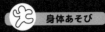 身体あそび

作詞：山口あかり／作曲：小林亜星

（左手を腰にあて、右手を　（右手を腰にあて、左手を　（両手を腰にあて、おしり
おでこにかざします）　　おでこにかざします）　　を右につき出します）　　　（おしりを左につき出します）

共通

1. くまのこみていた　かくれんぼ　おしりをだしたこ　いっとうしょう
2. もぐらがみていた　うんどうかい　びりっこげんきだ　いっとうしょう

（右手をひらひらさせな　（左手をひらひらさせな
がら、円を描きます）　　がら、円を描きます）

共通

ゆうやけこやけで　またあした　また　あ　し　た

（両手をひらひらさせながら、
円を描きます）

（※❶　両手を後ろにして、リズムに合わせて右左に
ゆれます）　　　　　　　　　　　　　　（※❶と同じ）

共通

いいな　いいな　にんげんっ　て　いいな

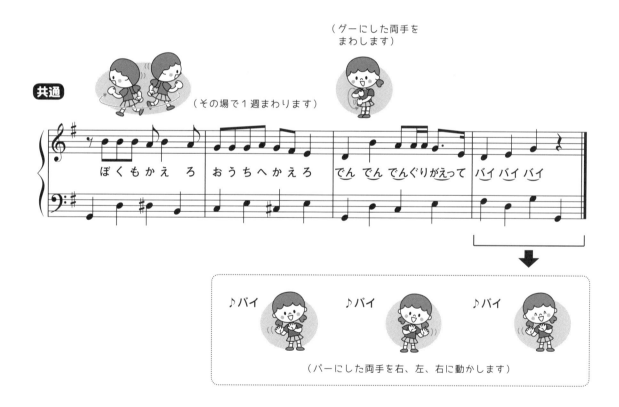

★リズムに合わせて、ゆったりとした動きを楽しみます。

南の島のハメハメハ大王

身体あそび

作詞：伊藤アキラ／作曲：森田公一

（※❶ ♩のリズムで、両手をフラダンスのように
ゆらしながら、右に2回移動します）

（※❷ 左に2回移動します）

共通

1.み	な	な	み	の	ー	し	ま	ま	の		だ	い	お	う	は

1.み な な み の ー し ま ま の　だ い お う は
2.み な な み の ー し ま ま の　だ い お う は
3.み な な み の ー し ま ま の　だ い お う は
4.み な な み の ー し ま ま に　す む ひ と は

（※❶と同じ）

（※❷と同じ）

共通

（左手を腰にあて、
右手で手前から横
に円を描きます）

そ の な も い だ い な も　ハ メ ハ メ ハ ハ　ロ マ ー ン チ ッ ク な い
じ お う も な ま え も も が　メ ハ メ ハ メ ハ　と て ー こ ゃ さ い の
ょ ど う で の な ま え も　ハ メ ハ メ ハ ハ　が っ ー も ぎ ら い
こ れ も も な え え が　メ ハ メ ハ メ ハ　お ぽ ー え や す の
だ

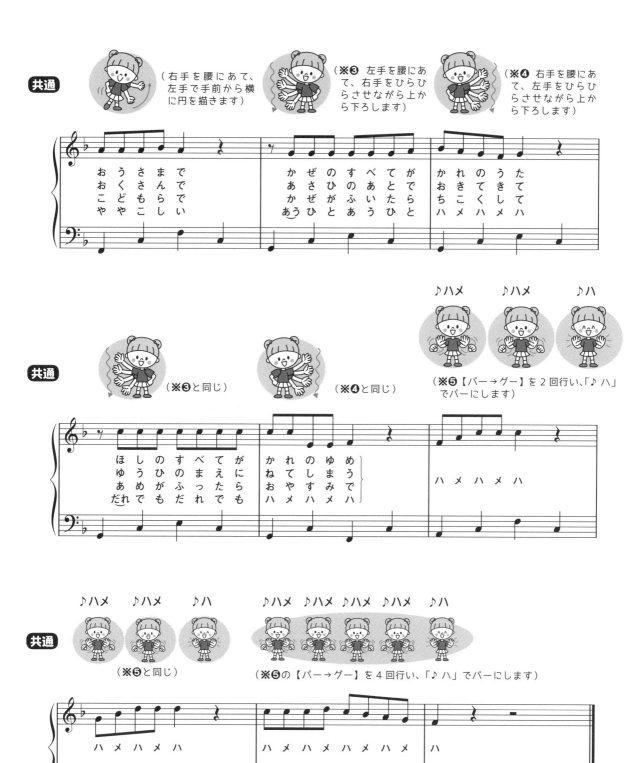

★散歩をする気分で歩いたり、友だちを見つけて、ふたりで仲よく動きます。

さんぽ

身体あそび

作詞：中川季枝子／作曲：久石 譲

共通

（♪ のリズムで手をたたきます）

共通

（♪ のリズムで自由に歩きます）

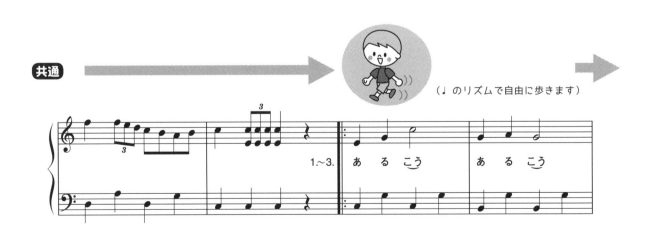

1〜3. あ　る　こう　　あ　る　こう

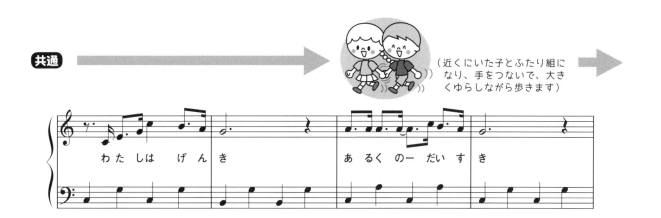

共通

（近くにいた子とふたり組になり、手をつないで、大きくゆらしながら歩きます）

わたしは げんき　あるくのー だいすき

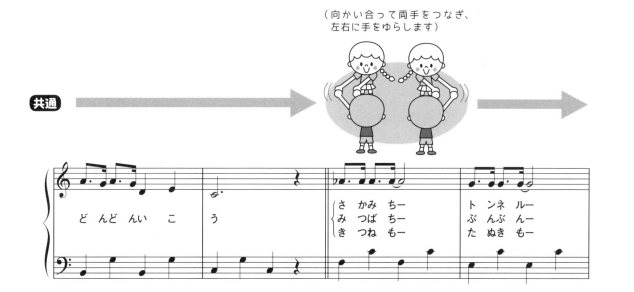

（向かい合って両手をつなぎ、左右に手をゆらします）

共通

どんどんいこ　う

さ　かみ　ちー　トンネ ルー
み　つば　ちー　ぶ んぶ んー
き　つね　もー　た ぬき　もー

共通

（右手同士をつないで高く上げ、ひとりがその場でまわります）

く　さっ ぱ　ら け　いっぽんば しにぎ　でこ ぼ
は　なて て お　で　ひ なたにと かげ　へび や
で　さ ば た い　　　た んけんし よう　は や し

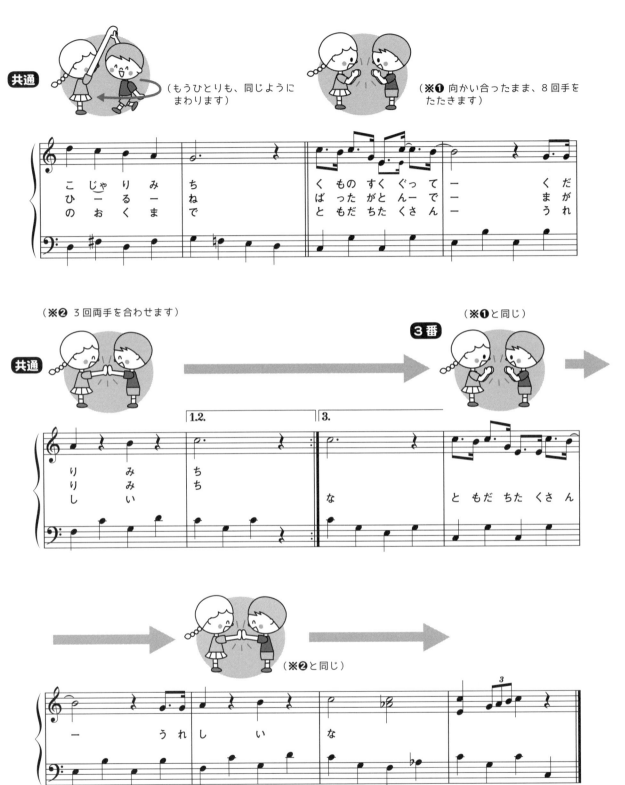

曲名INDEX

●編著者

井上 明美 <small>(いのうえ あけみ)</small>

国立音楽大学教育音楽学科幼児教育専攻卒業。卒業後は、㈱ベネッセコーポレーション勤務。在籍中は、しまじろうのキャラクターでおなじみの『こどもちゃれんじ』の編集に創刊時より携わり、音楽コーナーを確立する。退職後は、音楽プロデューサー・編集者として、音楽ビデオ、CD、CDジャケット、書籍、月刊誌、教材など、さまざまな媒体の企画制作、編集に携わる。

2000年に制作会社 アディインターナショナルを設立。主な業務は、教育・音楽・英語系の企画編集。同社代表取締役。http://www.ady.co.jp

同時に、アディミュージックスクールを主宰する。http://www.ady.co.jp/music-school

著書に、『歌と名作で楽しむ スケッチブックでシアターあそび』、『話題作・名作で楽しむ劇あそび特選集』、『ヒット曲&人気曲でかんたんリトミック』（いずれも自由現代社）、『心と脳を育む、親子のふれあい音楽あそびシリーズ』＜リズムあそび、音感あそび、音まね・声まねあそび、楽器づくり、音のゲームあそび＞（ヤマハミュージックエンタテインメント）他、多数。

●編集協力

アディインターナショナル／大門久美子

●イラスト作成

太中トシヤ

見てすぐわかる！ **たっぷり！保育の手あそび・歌あそび** _____ 定価（本体 1600 円＋税）

編著者————井上明美（いのうえあけみ）
表紙デザイン——オングラフィクス
発行日————2023 年 10 月 30 日
編集人————真崎利夫
発行人————竹村欣治
発売元————株式会社自由現代社
〒 171-0033　東京都豊島区高田 3-10-10-5F
TEL03-5291-6221/FAX03-5291-2886
振替口座 00110-5-45925

ホームページ——http://www.j-gendai.co.jp

皆様へのお願い
楽譜や歌詞・音楽書などの出版物を権利者に無断で複製（コピー）することは、著作権の侵害（私的利用など特別な場合を除く）にあたり、著作権法により罰せられます。また、出版物からの不法なコピーが行なわれますと、出版社は正常な出版活動が困難となり、ついには皆様方が必要とされるものも出版できなくなります。音楽出版社と日本音楽著作権協会（JASRAC）は、著作権の権利を守り、なおいっそう優れた作品の出版普及に全力をあげて努力してまいります。どうか不法コピーの防止に、皆様方のご協力をお願い申し上げます。

株式会社　自由現代社
一般社団法人　日本音楽著作権協会
（JASRAC）

JASRAC の承認に依り許諾証紙張付免除　　JASRAC 出 2307326-301
（許諾番号の対象は、当該出版物中、当協会が許諾することのできる出版物に限られます。）

ISBN978-4-7982-2636-1

●本書で使用した楽曲は、内容・主旨に合わせたアレンジによって、原曲と異なる又は省略されている箇所がある場合がございます。予めご了承ください。
●無断転載、複製は固くお断りします。●万一、乱丁・落丁の際はお取り替え致します。